SOBRE A QUESTÃO DA MORADIA

Friedrich Engels

SOBRE A
QUESTÃO DA MORADIA

Tradução
Nélio Schneider

Copyright da tradução © Boitempo Editorial, 2015

Traduzido do original em alemão *Zur Wohnungsfrage* (Institut für Marxismus-Leninismus beim Zentralkomitee der Sowjetunion e Institut für Marxismus-Leninismus beim Zentralkomitee der Sozialistischen Einheitspartei, Deutschlands, MEGA-2 I/24, Berlim, BBAW, 1984), p. 7-81, 603-45; a edição da MEGA se baseia na separata publicada, entre 1872 e 1873, em três cadernos: *Zur Wohnungsfrage (1. Wie Proudhon die Wohnungsfrage löst.) Separatabdruck aus dem "Volksstaat"* (Leipzig, Verlag der Expedition des "Volksstaat", 1872), 23 p.; *Zur Wohnungsfrage. Heft 2: Wie die Bourgeoisie die Wohnungsfrage löst. Sonderabdruck aus dem "Volksstaat"* (Leipzig, Verlag der Genossenschaftsbuchdruckerei, 1872 [1873]), 32 p.; *Zur Wohnungsfrage. Heft 3: Nachtrag über Proudhon und die Wohnungsfrage. Sonderabdruck aus dem "Volksstaat"* (Leipzig, Genossenschaftsbuchdruckerei, 1873), 24 p.

Coordenação editorial	Ivana Jinkings
Edição	Bibiana Leme
Coordenação de produção	Livia Campos
Assistência editorial	Thaisa Burani e Camila Nakazone
Tradução	Nélio Schneider
Preparação	Mariana Echalar
Revisão	Maíra Bregaldai
Capa	Antonio Kehl
	sobre ilustração de Gilberto Maringoni
Diagramação	Otávio Coelho

Imagem da p. 2: Friedrich Engels, "Nas favelas de Manchester", Nikolai N. Zhukov

Equipe de apoio: Allan Jones, Ana Yumi Kajiki, Artur Renzo, Elaine Ramos, Fernanda Fantinel, Francisco dos Santos, Isabella Marcatti, Kim Doria, Marlene Baptista, Maurício Barbosa, Narída Coelho e Renato Soares

CIP-BRASIL. CATALOGAÇÃO-NA-FONTE
SINDICATO NACIONAL DOS EDITORES DE LIVROS, RJ

E48s

Engels, Friedrich, 1820-1895
    Sobre a questão da moradia/ Friedrich Engels ; tradução Nélio Schneider. -
1. ed. - São Paulo : Boitempo, 2015.
(Marx-Engels)

    Tradução de: Zur wohnungsfrage
    ISBN 978-85-7559-435-3

    1. Habitação. 2. Propriedade - História. I. Título. II. Série.

15-20407

CDD: 301.54
CDU: 316

É vedada a reprodução de qualquer parte deste livro sem a expressa autorização da editora.

1ª edição: abril de 2015;
1ª reimpressão: abril de 2016; 2ª reimpressão: novembro de 2018
3ª reimpressão: julho de 2020; 4ª reimpressão: setembro de 2021

BOITEMPO
Jinkings Editores Associados Ltda.
Rua Pereira Leite, 373
05442-000 São Paulo SP
Tel.: (11) 3875-7250 / 3875-7285
editor@boitempoeditorial.com.br
boitempoeditorial.com.br | blogdaboitempo.com.br
facebook.com/boitempo | twitter.com/editoraboitempo
youtube.com/tvboitempo | instagram.com/boitempo

SUMÁRIO

NOTA DA EDITORA 7

INTRODUÇÃO DA EDIÇÃO ALEMÃ 11

PREFÁCIO À SEGUNDA EDIÇÃO REVISADA (1887) 25

I COMO PROUDHON RESOLVE A QUESTÃO DA MORADIA 37

[II] COMO A BURGUESIA RESOLVE A QUESTÃO DA MORADIA 65

[III] ADENDO SOBRE PROUDHON E A QUESTÃO DA MORADIA 109

ÍNDICE ONOMÁSTICO 143

CRONOLOGIA RESUMIDA DE MARX & ENGELS 149

COLEÇÃO MARX-ENGELS 159

NOTA DA EDITORA

Com *Sobre a questão da moradia*, 19º volume da coleção Marx-Engels (veja relação na p. 159), a Boitempo dá continuidade à publicação das obras completas dos filósofos alemães e contempla, desta feita, pela terceira vez, um livro de autoria exclusiva de Friedrich Engels. Os três textos principais que o compõem, "Como Proudhon resolve a questão da moradia", "Como a burguesia resolve a questão da moradia" e "Adendo sobre Proudhon e a questão da moradia", saíram entre 1872 e 1873 no jornal *Der Volksstaat*, do Partido Operário Social-Democrata alemão, publicado em Leipzig e dirigido por Wilhelm Liebknecht, e têm como objetivo responder a uma série de artigos sobre os problemas de habitação dos trabalhadores alemães de autoria de Arthur Mülberger, médico de Württemberg. Indignado com as soluções apresentadas por Mülberger, que não tinham por base estudos criteriosos a respeito do tema e se resumiam a "achismos" fortemente influenciados pelo socialismo pequeno-burguês de Pierre-Joseph Proudhon, Engels questiona sua publicação pelo *Volksstaat* e é então, em suas próprias palavras, "conclamado" pelos redatores a redigir uma resposta. Com sua clássica erudição, somada à ironia fina e ao senso de urgência revolucionária que o caracterizavam, Engels desconstrói um a um os argumentos de Mülberger para erguer, em seu lugar, uma análise teórica de linhas firmes e precisas: para resolver a situação de moradia da classe trabalhadora alemã, acentuada pela entrada do país na era da grande indústria, não bastam medidas paliativas: é o próprio

Friedrich Engels

sistema capitalista que deve ser demolido. Seduzir os trabalhadores com a utopia burguesa de que todos eles merecem "uma casinha" e "uma hortinha" para chamar de suas é uma maneira ardilosa de prendê-los à terra, "ao método antiquado da produção individual e do trabalho manual", e retroceder dos avanços da tecnologia e da ciência: a humanidade chegou longe demais para regredir.

Como muitos dos textos de Marx e Engels, este livro permanece assustadoramente atual, a descontar algumas poucas especificidades da época e do local para o qual foi escrito. Além disso, apresenta outra particularidade interessante: por ter sido concebido originalmente como uma série de artigos de jornal, nele o autor se permite revelar aos leitores, como em uma conversa informal, os meandros de sua relação de trabalho com Karl Marx: "Em consequência da divisão do trabalho acordada entre mim e Marx, cabia-me defender nossas concepções na imprensa periódica e principalmente, portanto, na luta contra opiniões adversárias, para que Marx dispusesse de tempo para elaborar sua grande obra principal. Desse modo, encontrei-me na posição de expor nossa maneira de ver as coisas geralmente de forma polêmica, em contraposição a outras visões"[1]. Um método de trabalho que o passar dos séculos comprova ter sido frutífero e duradouro. A explicação sobre a necessidade de uma segunda edição, em 1887, também ganha um comentário sagaz do autor: "Devo a necessidade desta nova impressão, sem dúvida nenhuma, à amável solicitude do governo alemão, que, ao proibir o texto, deu enorme incentivo à sua procura, como sempre acontece nesses casos, pelo que só posso expressar-lhe meu mais profundo agradecimento"[2].

A presente tradução tem como base a edição publicada em 1984 pela Marx-Engels-Gesamtausgabe (MEGA-2). As citações em língua estrangeira foram traduzidas no corpo do texto, mas sua forma original foi preservada em nota de rodapé. As notas explicativas da edição alemã foram mantidas e aparecem aqui numeradas; as notas do tradutor e da edição brasileira são identificadas por asterisco e pelas siglas "N. T." e "N. E.", respectivamente; e as notas do próprio Engels mantiveram o símbolo que as identifica nos originais do autor, *), sendo

---

[1]   Ver p. 28 deste volume.

[2]   Ver p. 26-7 deste volume.

Sobre a questão da moradia

acompanhadas de um comentário informativo entre colchetes ao final para situá-las entre a primeira edição, de 1872-1873, e a segunda edição revisada, de 1887. A base da tradução foi a primeira edição de 1872-1873, mas as (poucas) revisões e complementações feitas por Engels na reedição de 1887 vêm precedidas da sigla "D4" (de Documento 4, chamado assim por ser a quarta e última versão do texto). Colchetes de inserção ou exclusão em citações são de Engels, que faz cortes ou comentários para realçar seu ponto de vista. Outros colchetes, inclusive em notas de rodapé, são inclusões desta edição (em sua maior parte, informações sobre as edições brasileiras de obras citadas). Páginas indicadas entre parênteses no próprio texto são referências das edições consultadas por Engels. O uso de aspas e itálicos segue em geral as normas internas da Boitempo.

A Boitempo Editorial agradece à sua sempre empenhada equipe; ao tradutor Nélio Schneider, cujo trabalho preservou a elegância inata do autor; a Guilherme Boulos, coordenador nacional do Movimento dos Trabalhadores Sem-Teto (MTST), pelo texto de orelha que comprova a atualidade da obra hoje no Brasil; ao ilustrador Gilberto Maringoni; ao diagramador Otávio Coelho; ao capista Antonio Kehl; às revisoras Mariana Echalar e Maíra Bregalda; a Rubens Enderle, pela ajuda com a pesquisa dos originais. Agradece ainda à equipe da MEGA-2, em especial a seu diretor-executivo, Gerald Hubmann. E, por fim, mas não menos importante, agradece aos geniais Marx e Engels, que continuam nos inspirando!

Março de 2015

INTRODUÇÃO DA EDIÇÃO ALEMÃ*

GÊNESE E TRADIÇÃO

Depois de *Miséria da filosofia*, de Karl Marx, *Sobre a questão da moradia*, de Friedrich Engels, é a obra mais significativa dirigida diretamente contra o proudhonismo. Ela transmite conhecimentos fundamentais sobre a missão histórica da classe trabalhadora e expõe importantes pontos de vista da concepção marxista acerca da remodelagem comunista da sociedade. Serviu à disseminação do comunismo científico nos movimentos dos trabalhadores alemão e internacional e ajudou a preparar a formação de partidos trabalhistas nacionais.

Sobre a questão da moradia surgiu como escrito polêmico contra o socialismo pequeno-burguês e burguês, cujos teóricos naquela época intensificaram a propagação de concepções para a suposta solução de problemas sociais. Na Alemanha, bem como em outros Estados europeus, o foco de suas atenções estava dirigido para a solução da escassez aguda de moradia. Engels escreveu o seguinte no prefácio à segunda edição de seu texto, em 1887: "Portanto, foi justamente essa escassez aguda de moradia, esse sintoma da Revolução Industrial que se realizava na Alemanha, que provocou naquela época uma

---

* "Einführung", em Friedrich Engels, *Zur Wohnungsfrage* (Institut für Marxismus-Leninismus beim Zentralkomitee der Sowjetunion e Institut für Marxismus-Leninismus beim Zentralkomitee der Sozialistischen Einheitspartei Deutschlands [Instituto de Marxismo-Leninismo do Comitê Central do Partido Comunista da União Soviética e Instituto de Marxismo-Leninismo do Comitê Central do Partido Socialista Unido da Alemanha], MEGA-2 I/24, Berlim, BBAW, 2014), p. 603-10. Esta introdução é de autoria conjunta dos editores do volume MEGA-2 I/24, Waldtraut Opitz, Liselotte Herman, Hans-Dieter Krause, Gabiele Roßbach, Rosie Rudich e Marion Steffensen. (N. E.)

Friedrich Engels

enxurrada de tratados na imprensa sobre a 'questão da moradia' e deu ocasião a todo tipo de charlatanice social"[1]. Em discussão com os teóricos e reformadores sociais pequeno-burgueses e burgueses, ele fundamentou o ponto de vista científico da classe trabalhadora para a solução da questão da moradia enquanto problema social.

Engels entrou em discussão com os enunciados teóricos do socialismo pequeno-burguês e burguês, característicos de todas as suas variantes. No centro de sua crítica figurava o proudhonismo e o lassallianismo. Engels pôs a descoberto os pontos em comum entre ambos e chamou a atenção para a coincidência parcial de tais teorias com o socialismo burguês. Ele demonstrou que todas essas teorias se contrapõem de modo hostil aos interesses da classe trabalhadora, sendo, portanto, inadequadas para mediar modos de solucionar a questão social.

Sobre a questão da moradia é composto dos três artigos que surgiram nesse processo de discussão com as teorias pequeno-burguesas e burguesas e, em 1872-1873, foram publicados no jornal *Der Volksstaat* [O Estado Popular] primeiro como uma série de artigos e em seguida como separata.

O motivo imediato do primeiro texto foi uma série de artigos intitulada *A questão da moradia*, que havia sido publicada anonimamente no jornal *Der Volksstaat*, nos meses de fevereiro e março de 1872, e que a redação desse periódico havia tomado do jornal dos trabalhadores *Der Volkswille* [A Vontade Popular], de Viena. Engels escreveu: "O autor anônimo, que mais tarde se identificou como o Sr. Dr. A. Mülberger, médico de Württemberg, julgou a ocasião oportuna para, tomando essa questão como exemplo, tornar claros para os trabalhadores alemães os efeitos milagrosos da panaceia social de Proudhon. Quando manifestei aos redatores minha estranheza pela acolhida desses artigos esquisitos, fui conclamado a redigir uma resposta, o que fiz"[2].

O primeiro artigo, intitulado "Como Proudhon resolve a questão da moradia", surgiu no período entre 7 e 22 de maio de 1872 (ver carta de Engels a Wilhelm Liebknecht, 7 de maio de 1872, e de Wilhelm

---

[1]   Friedrich Engels, *Zur Wohnungsfrage*, separata de *Der Volksstaat* (1872-1873) (2. ed. rev., Zurique, Volksbuchhandlung, 1887), p. 3. [Neste volume, p. 26.]

[2]   Ibidem, p. 3-4. [Neste volume, p. 26.]

Sobre a questão da moradia

Liebknecht a Engels, 15 de maio de 1872). Na sua carta a Liebknecht de 15 e 22 de maio, Engels escreveu, na data de 22 de maio: "Usei o intervalo de tempo na preparação do artigo incluso sobre a moradia. O seu proudhonista ficará satisfeito". O artigo foi publicado em *Der Volksstaat* entre o final de junho e começo de julho de 1872. Nele, Engels discutiu diretamente as concepções de Arthur Mülberger e colocou em evidência sua origem proudhonista, caracterizando o propósito de Mülberger como a primeira tentativa empreendida pelos socialistas pequeno-burgueses de transplantar as ideias proudhonistas para a Alemanha. A escassez de moradias reinante, sob a qual padecia boa parcela da população, pareceu ser uma boa oportunidade para isso[3].

Engels revelou o nexo legal entre a escassez de moradias e as relações de produção capitalistas. Demonstrou que a escassez de moradias, assim como todas as mazelas sociais do capitalismo, só desaparecerá com a eliminação do modo de produção capitalista e suas consequências e, com base nas legalidades do desenvolvimento do capitalismo, explicitou o declínio definitivo da ordem social capitalista. Na discussão com a concepção de Mülberger de que o trabalhador deve receber em troca de seu produto o valor cheio de seu trabalho – uma concepção que poderia ter sido tomada de empréstimo tanto de Pierre-Joseph Proudhon como de Ferdinand Lassalle –, ele explana a teoria marxiana da mercadoria "força de trabalho" e a teoria do mais-valor dela resultante, pondo a descoberto os fundamentos da espoliação capitalista. Para isso, Engels se baseou no Livro I de *O capital*, de Karl Marx, e em seu próprio trabalho *A situação da classe trabalhadora na Inglaterra**, publicado em língua alemã em 1845. Ele aproveitou o ensejo da discussão com Mülberger para despertar o interesse dos trabalhadores pela importante obra *O capital*, cuja segunda edição revista e ampliada estava sendo publicada naquele período em nove remessas. Engels ilustrou de modo convincente a importância dessa obra teórica para a luta econômica e político-prática da classe trabalhadora e como ela

---

[3]   Ibidem, p. 8. [Neste volume, p. 37-8.]

*   Karl Marx, *O capital: crítica da economia política*, Livro I: *O processo de produção do capital* (trad. Rubens Enderle, São Paulo, Boitempo, 2013); Friedrich Engels, *A situação da classe trabalhadora na Inglaterra: segundo as observações do autor e fontes autênticas* (trad. B. A. Schumann, São Paulo, Boitempo, 2008). (N. E.)

Friedrich Engels

poderia ser usada para aclarar novos problemas teóricos que surgissem.

Resumindo os pontos essenciais da discussão com Mülberger, Engels chegou à conclusão de que seria típica do socialismo pequeno-burguês a incapacidade de compreender a essência da sociedade capitalista, ficando-lhe oculto, por conseguinte, também o conhecimento da missão histórica da classe trabalhadora. Os teóricos do socialismo pequeno-burguês não reconheciam que o desenvolvimento do capitalismo constitui, do ponto de vista histórico, um processo progressivo e, por isso, suas concepções desembocavam, no fim das contas, na exigência do retorno à produção de mercadorias em pequena escala.

O fragmento preservado do manuscrito do primeiro artigo de Engels possibilita uma noção, ainda que incompleta, de seu surgimento. Ao lado das correções imediatas realizadas por Engels durante o processo, é possível identificar uma reelaboração depois de terminado o primeiro esboço. Nela transparece o empenho de Engels por formulações científicas exatas e por uma exposição convincente.

A publicação de *Sobre a questão da moradia* no jornal *Der Volksstaat* e como separata não transcorreu sem atritos. A situação complicada com que se deparou a redação do jornal por causa de perseguições políticas teve um efeito prejudicial também sobre a qualidade de reprodução do artigo. Engels chamou a atenção de Adolf Hepner, em carta de 2 de julho de 1872, para os "erros tipográficos fatais" na publicação do jornal *Der Volksstaat*. Por isso, ao consentimento para a publicação de uma separata, ele associou o pedido de que lhe fossem enviadas as provas para revisão. Engels recebeu as provas, enviou-as de volta a Hepner já em 9 de julho de 1872 e solicitou a este que providenciasse com urgência que a nota de rodapé acrescentada por ele com a finalidade de prevenir possíveis mal-entendidos fosse incluída na separata[4].

Como naquela ocasião Hepner já havia pedido a Engels que se ocupasse, num segundo artigo, das concepções do socialismo burguês a respeito da questão da moradia, Engels sugeriu "pôr a crítica à solução da grande burguesia para a questão da moradia ao lado da solução pequeno-burguesa" e imprimir os dois artigos juntos numa separata,

---

[4] Friedrich Engels, *Zur Wohnungsfrage*, cit., p. 24. [Neste volume, p. 61.]

Sobre a questão da moradia

o que permitiria tratar a questão mais exaustivamente (carta de Engels a Adolf Hepner, 2 de julho de 1872). Para a publicação conjunta dos dois artigos Engels sugeriu o título "Sobre a questão da moradia" (carta de Engels a Adolf Hepner, de 9 de julho de 1872). A expedição do jornal *Der Volksstaat*, contudo, acabou publicando o primeiro artigo como edição individual. Hepner, que havia concordado com a sugestão de Engels (carta de Adolf Hepner a Engels, 5 de julho de 1872), não conseguiu impedir que isso acontecesse porque estava preso no momento em que foi impressa a separata do primeiro artigo. Engels se queixou do procedimento dos redatores a Liebknecht (carta de 12 de fevereiro de 1873).

Além disso, a publicação do primeiro artigo como separata demorou a sair, por uma falha do encadernador (ver carta de Adolf Hepner a Engels, 4 de novembro de 1872). Na primeira remessa de encadernação, da qual Engels recebeu um exemplar, faltou a última página. Todavia, como Hepner informou Engels, essa série falha não chegou a ser comercializada. A composição da última página precisou ser refeita e todo o conjunto foi encadernado novamente. Do anúncio comercial em *Der Volksstaat*, de 7 de dezembro de 1872, pode-se deduzir que a separata do primeiro artigo chegou às livrarias na primeira quinzena de dezembro daquele ano.

O segundo artigo, intitulado "Como a burguesia resolve a questão da moradia", foi escrito por Engels evidentemente em outubro de 1872, como se pode depreender da carta de Hepner a Engels, de 4 de novembro de 1872. Nela, Hepner escreveu: "Recebi agradecido o artigo sobre a questão da moradia (I-III)". A equipe de redação do jornal *Der Volksstaat* processou, num primeiro momento, só as duas primeiras partes desse artigo, dado que Rudolph Seiffert, que havia sido encarregado do trabalho, não dispunha da terceira parte (carta de Rudolph Seiffert a Engels, 12 de dezembro de 1872). Em sua carta, Seiffert informou Engels de que as provas de revisão do artigo já haviam sido enviadas a Londres e pediu que este enviasse a parte final junto com a prova lida. Possivelmente Engels informou à equipe de redação, em carta não preservada, que ela já teria recebido o artigo inteiro. No dia 18 de dezembro de 1872, foi publicada, no n. 101 de *Der Volksstaat*, sob a rubrica "Caixa de correio da equipe de redação", a seguinte nota: "E[ngels] em L[ondres]: tudo certo, a parte final (III) do artigo se

Friedrich Engels

encontra aqui". O artigo "Como a burguesia resolve a questão da moradia" veio a público no jornal *Der Volksstaat* de 25 de dezembro de 1872 a 8 de janeiro de 1873. Engels certamente o recebeu para correção antes de ser publicado. A separata foi publicada no início de 1873, com o título "Sobre a questão da moradia, segundo caderno: como a burguesia resolve a questão da moradia".

No artigo "Como a burguesia resolve a questão da moradia", Engels se ocupou criticamente do livro *As condições de moradia das classes trabalhadoras e sua reforma*, de autoria de Emil Sax, publicado em 1869, em Viena. Ele escolheu esse livro para expor as concepções dos economistas e sociólogos burgueses a respeito da questão da moradia por ser especialmente exemplar e porque, nele, Sax alegou ter se baseado numa bibliografia abrangente. Hepner, que não deixara de perceber a volumosa indicação de fontes no livro de Sax, enviou-o a Engels com o pedido "de verificar as citações de relatórios oficiais ingleses nele contidos e examinar de modo geral os dados que Sax apresentou sobre as condições inglesas" (carta de Adolf Hepner a Engels, 15 de maio de 1872). Por conseguinte, no início de seu artigo, Engels analisou a bibliografia utilizada por Sax e chegou à conclusão de que, apesar do volume, os livros e documentos citados deixam muitas lacunas e, no que se refere aos relatórios parlamentares ingleses, também são muito incompletos. Entre outras coisas, Sax teria citado apenas três relatórios parlamentares já ultrapassados e, como sugerem suas exposições, nem mesmo os teria lido[5].

Na França e na Inglaterra, já havia surgido muito tempo antes uma bibliografia burguesa bastante variada sobre esse tema. Tanto o Parlamento inglês quanto o Estado bonapartista francês haviam se ocupado da questão da moradia e proposto à classe trabalhadora de seus países ideias e projetos para uma suposta melhoria de sua situação habitacional. Contudo, como Engels demonstrou em seu artigo, as colônias de trabalhadores construídas na Inglaterra e na França pelas instituições públicas e por iniciativa da burguesia para a suposta melhoria das condições de moradia da classe trabalhadora constituíam apenas um fenômeno decorrente da expansão da indústria e uma parcela

---

[5] Ver ibidem, p. 30. [Neste volume, p. 66-7.]

bastante rentável de todo o capital investido[6]. A bibliografia burguesa sobre a questão da moradia que começou a surgir mais profusamente na Alemanha no fim da década de 1860 e início da década de 1870 reportava-se em parte à bibliografia inglesa e francesa. Engels julgou que essas publicações em língua alemã – incluindo a de Emil Sax – não passavam de um extrato aguado dessa bibliografia estrangeira, sobretudo da inglesa[7]. Uma coisa, porém, teriam em comum todas essas publicações produzidas na Inglaterra, na França e na Alemanha: a intenção de defender o modo de produção capitalista e conservá-lo a qualquer preço, bem como dissimular a espoliação e os antagonismos de classe. O Estado burguês não quer e não pode eliminar a miséria habitacional. Pois, "o Estado nada mais é que a totalidade do poder organizado das classes possuidoras, dos proprietários de terras e dos capitalistas em confronto com as classes espoliadas, os agricultores e os trabalhadores"[8].

No que se refere ao terceiro artigo, intitulado "Adendo sobre Proudhon e a questão da moradia", Engels foi levado a escrevê-lo em razão da resposta de Mülberger a seu primeiro artigo, "Como Proudhon resolve a questão da moradia". No dia 26 de outubro de 1872, a resposta de Mülberger havia sido publicada no jornal *Der Volksstaat*. A equipe de redação introduziu a publicação com as seguintes observações: "No que se refere ao posicionamento da equipe de redação diante da polêmica em questão, ela declara que, a seu ver, Mülberger foi mal interpretado em alguns pontos secundários, mas não no ponto principal, o do proudhonismo, em relação ao qual Engels provavelmente aproveitará o ensejo para reiterar e detalhar seu esclarecimento crítico". Em carta de 8 de outubro de 1872, Hepner já havia anunciado a Engels a resposta de Mülberger: "Proximamente Mülberger lhe dará uma resposta – quase com a mesma virulência com que foi atacado. Eu próprio acredito que ele foi mal interpretado em questões secundárias; entretanto, ele admite indiretamente que é ¾ proudhonista e contesta que Proudhon tenha sido um reacionário". Essas linhas mostram que não foi fácil para Hepner emitir um juízo competente

---

6 Ver ibidem, p. 42. [Neste volume, p. 87-8.]

7 Ver ibidem, p. 30. [Neste volume, p. 68.]

8 Ibidem, p. 51. [Neste volume, p. 100.]

Friedrich Engels

na polêmica entre Engels e o proudhonista Mülberger. Isso fica claro diante do desejo de Hepner de aprofundar seu conhecimento sobre Proudhon com o auxílio do trabalho *Misère de la philosophie* [*Miséria da filosofia*], de Marx, bem como do pedido que fez a Engels para que, depois da publicação da resposta de Mülberger, ele escrevesse outro artigo sobre o proudhonismo. Engels não atendeu nem ao desejo da equipe de redação do jornal *Der Volksstaat* nem ao pedido de Adolf Hepner de continuar a polêmica com o proudhonismo em artigos subsequentes.

Engels escreveu sua réplica à publicação de Mülberger em dezembro de 1872. Na ocasião em que redigiu esse terceiro artigo sobre a questão da moradia, não tinha consigo nenhum exemplar completo de seu primeiro artigo, como se depreende de sua carta a Hepner de 30 de dezembro de 1872. "Diariamente sou lembrado da minha *Questão da moradia* no '1º caderno' do jornal *Der Volksstaat*, mas para responder a Mülberger não disponho aqui *nem mesmo de um exemplar completo* dele, pois Frankel perdeu o meu número contendo a parte final e no ex[emplar] da separata que me foi enviado falta a última página! Se Marx não tivesse finalmente encontrado o seu ex[emplar] do número em questão, eu nem teria podido responder". É possível que Engels tenha enviado esse artigo com o exemplar corrigido do segundo artigo a Seiffert.

Presume-se que o artigo "Adendo sobre Proudhon e a questão da moradia" tenha aparecido como separata no fim de fevereiro, no mais tardar na primeira quinzena de março de 1873. No dia 12 de março de 1873, as livrarias e a expedição do jornal anunciaram que todos os três cadernos estavam disponíveis para compra.

Motivado pela resposta de Mülberger, mas possivelmente também para satisfazer a equipe de redação do jornal *Der Volksstaat*, que desejava uma exposição mais detalhada do proudhonismo, em seu terceiro artigo Engels abordou mais concretamente algumas obras de Proudhon. Em sua resposta, Mülberger havia negado energicamente ser proudhonista, mas ao mesmo tempo havia defendido Proudhon. Engels demonstrou que ele defendia as ideias do socialismo pequeno-burguês e que suas concepções sobre a questão da moradia haviam sido tomadas diretamente da concepção do proudhonismo. Fundamentou

Sobre a questão da moradia

esse juízo concretamente com o auxílio dos seguintes escritos de Proudhon: *Idée générale de la révolution au XIXe siècle* [Ideia geral da revolução no século XIX] (Paris, 1868); *De la justice dans la révolution et dans l'Église* [Sobre a justiça na revolução e na Igreja] (tomos 1 e 2, Paris, 1858); *Système des contradictions économiques, ou Philosophie de la misère* [*Sistema das contradições econômicas ou Filosofia da miséria**] (tomos 1 e 2, Paris, 1846); *La guerre et la paix* [A guerra e a paz] (tomos 1 e 2, Paris, 1869).

Na biblioteca de Engels que chegou até nós encontra-se uma edição de 1868 do livro *Idée générale de la révolution au XIXe siècle*, de Proudhon, que serviu de base para as citações feitas em *Sobre a questão da moradia*. Algumas das passagens desse livro reproduzidas literalmente ou conforme o teor estão assinaladas. Na polêmica com as concepções proudhonistas referentes ao papel da revolução como portadora e executora da justiça e da tese da produtividade do capital, Engels repetiu argumentos que já havia registrado por escrito na análise crítica que fizera anteriormente desse livro de Proudhon. Essa elaboração (realizada a pedido de Marx) teve como base a primeira publicação do escrito de Proudhon, em 1851[9]. O livro lhe fora disponibilizado por Marx. A análise crítica de Engels foi publicada pela primeira vez em tradução russa no *Arquivo de Marx e Engels*, Moscou, 1948, tomo 10, p. 5-34.

Em sua resposta ao primeiro artigo de Engels, Mülberger se referiu diretamente à obra *La guerre et la paix*, afirmando que, nesse escrito – no qual Proudhon teria desenvolvido mais profundamente a ideia do direito econômico –, aparecia a concepção materialista da história de Proudhon. No legado manuscrito de Engels, encontram-se preservados excertos do livro 4, capítulos II-IV, da obra *La guerre et la paix*, de Proudhon, comentados por Engels e preparados por ele para seu terceiro artigo[10]. Os excertos são, em grande parte, idênticos às teses fundamentais de Proudhon, com as quais Engels estava polemizando. Algumas observações feitas por Engels entre os excertos da resenha

---

* São Paulo, Escala, 2003-2007, 2 t. (N. E.)

[9] Ver Friedrich Engels, "Bemerkungen zu Proudhons 'Idée générale de la révolution au XIXe siècle'", *IML/ZPA*, Moscou, sign. f. 1, op. 1, d. 505.

[10] Em *IML/ZPA*, Moscou, sign. f. 1, op. 1, d. 3.405.

Friedrich Engels

encontram-se como conclusões e apreciações em seu artigo. Por exemplo, Engels contesta a afirmação de Proudhon de que a causa principal das guerras teria sido desde sempre o pauperismo. Em sua resenha sobre o livro *La guerre et la paix*, essa tese de Proudhon consta como primeiro excerto. "A causa fundamental perene da guerra *est le manque de subsistance, en style plus relevé, c'est la* rupture de l'équilibre économique [...] *en dernière analyse,* le paupérisme [é a falta de subsistência, em estilo mais rebuscado, *a ruptura do equilíbrio econômico* (...) em última análise, *o pauperismo*]." Os excertos seguintes das exposições de Proudhon sobre a história do desenvolvimento das necessidades humanas levaram Engels, em sua resenha, à comparação com o malthusianismo. No artigo "Adendo sobre Proudhon...", julgou que o livro *La guerre et la paix* comprova que o ponto de vista econômico de Proudhon consiste no "mais crasso malthusianismo".

Em sua resenha, Engels se aprofunda nas concepções de Proudhon sobre a repartição da riqueza social e resume: "De onde vem a desigualdade da repartição da riqueza? Não das leis do desenvolvimento histórico-econômico, mas, como tudo mais, inclusive a guerra, de razões psicológicas, de um *princípio* que é *le sentiment de notre valeur et dignité personnelles, sentiment d'où naît le respect du semblable et de l'humanité toute entière, et qui constitue la justice* [o senso de nosso valor e dignidade pessoais, senso do qual nasce o respeito pelo semelhante e pela humanidade inteira, e que constitui a justiça]". Nos excertos e observações interpostas a seguir, Engels demonstra que Proudhon não partiu, como afirmou Mülberger, do ponto de vista materialista. Proudhon tomou como ponto de partida de suas investigações e reflexões, conforme escreveu Engels, sempre apenas "o ser humano como tal". A resenha elaborada por Engels fundamenta seu juízo sobre o livro *La guerre et la paix*, de Proudhon, como "a mais diletante das muitas obras diletantes de Proudhon"[11]. Esse livro de Proudhon também se encontra na biblioteca pessoal de Engels que chegou até nós. Das marcações feitas na margem de algumas páginas pode-se deduzir que Engels usou-o para elaborar seu terceiro artigo. Os excertos manuscritos e as observações de Engels foram grampeados por alguém não identificado entre as páginas 142 e 143.

---

[11]   Friedrich Engels, *Zur Wohnungsfrage*, cit., p. 70. [Neste volume, p. 125.]

Sobre a questão da moradia

A polêmica com as concepções de Proudhon expostas no escrito *De la justice dans la révolution et dans l'Église* foi levada a cabo por Engels com base na edição de 1858. Até o momento, o livro, que possivelmente também pertenceu a Engels, não foi encontrado.

Os artigos de Engels sobre a questão da moradia foram fortemente difundidos logo após sua publicação no âmbito dos movimentos dos trabalhadores alemão e austríaco. Ao lado da publicação dos três artigos no jornal *Der Volksstaat*, e como separata, o segundo artigo, "Como a burguesia resolve a questão da moradia", apareceu também nos números 3 a 8, de janeiro de 1873, do jornal dos trabalhadores austríacos *Der Volkswille*. Com seus artigos sobre a questão da moradia, Engels deu apoio direto ao partido dos trabalhadores alemão em sua polêmica em torno do papel e do conteúdo da luta teórica. Liebknecht, que defendeu de modo coerente que tanto a imprensa dos trabalhadores quanto a publicação de brochuras editassem artigos e escritos marxistas de alto nível, reportou-se a artigos como os que Engels escreveu sobre a questão da moradia. Em carta a August Geib, de dezembro de 1872, escreveu que rejeitava os artigos de má qualidade elaborados pelos "novos sociais-democratas" em escala fabril e defendia a popularização de trabalhos científicos como os citados artigos de Engels.

Em seu artigo intitulado "O socialismo científico", Joseph Dietzgen reportou-se igualmente aos artigos então recém-publicados de Engels sobre o assunto. Neles, entre outras coisas, Engels teria se posicionado também no sentido de que a análise materialista da história se contrapõe frontalmente à de Proudhon. Dietzgen escreveu que Engels teria ressaltado que nós descrevemos as relações como são, mas Proudhon apresentaria à sociedade atual a exigência, como observou Engels, de "remodelar-se, não segundo as leis de seu próprio desenvolvimento econômico, mas segundo as prescrições da justiça"*. Dietzgen deduz daí que, nesse caso, Proudhon é o "representante maior de todo fundamentalismo não científico"[12].

Incentivado por Hermann Schlüter, diretor da editora social-democrata de Zurique, Engels preparou, em 1886, uma segunda edição de

---

* Neste volume, p. 122. (N. E.)
[12] *Der Volksstaat*, Leipzig, n. 25, 26 de março de 1873.

Friedrich Engels

sua série de artigos em forma de escrito único. Em 20 de agosto de 1886, ele escreveu a Schlüter: "De bom grado revisarei *Sobre a questão da moradia*; no conjunto, o texto pode ser impresso como está (pelo que consigo avaliar de memória). Algumas palavras de introdução serão necessárias".

Nessa introdução, na qual expôs o pano de fundo histórico e o contexto imediato da gênese dos três artigos sobre a questão da moradia em 1872, Engels apontou também a importância atual desse escrito, que acabou motivando-o a concordar com sua republicação em 1887. Nele foram explicadas ideias fundamentais importantes do marxismo, cuja difusão na Alemanha era extremamente atual também na década de 1880. De qualquer modo, era importante polemizar com o socialismo pequeno-burguês e burguês, que sofrera intensa difusão na Alemanha, mais exatamente, "por um lado, por meio de socialistas catedráticos e filantropos de todo tipo" e, por outro, por meio de representantes do socialismo pequeno-burguês no interior do Partido Social-Democrata. Enquanto aqueles continuavam propagando o desejo de "transformar os trabalhadores em proprietários de suas moradias", estes até proclamavam "as noções básicas do socialismo moderno e a exigência de transformação de todos os meios de produção em propriedade social", mas declaravam "sua realização como possível só num tempo remoto, praticamente imprevisível"[13].

Engels revisou seu escrito *Sobre a questão da moradia*, inseriu notas explicativas e corrigiu o texto para facilitar a compreensão ao leitor da década de 1840. Além disso, conferiu maior precisão a conceitos econômicos. "Para esta nova impressão, revisei o texto, fiz alguns acréscimos, incluí algumas notas e corrigi um pequeno equívoco econômico na primeira seção, que o meu adversário, o Dr. Mülberger, infelizmente não foi capaz de detectar"[14]. Tratava-se do seguinte: em 1872 Engels supôs que o juro sobre o capital é parte integrante do aluguel só quando a casa está hipotecada[15]. Na determinação do aluguel, ele não levara em consideração nem o juro sobre o capital investido (capital bancário) nem a amortização. Sua ocupação posterior mais

---

[13]   Friedrich Engels, *Zur Wohnungsfrage.*, cit., p. 5-6. [Neste volume, p. 29.]

[14]   Ibidem, p. 4. [Neste volume, p. 27.]

[15]   Ver ibidem, p. 24. [Neste volume, p. 61.]

Sobre a questão da moradia

aprofundada das questões referentes à renda fundiária, possivelmente associada à triagem de manuscritos pertinentes legados por Marx, levou, então, à necessária correção[16], que suprimiu a nota de rodapé e a frase à qual esta se referia. A essa mudança fundamental também está associada a substituição do termo "lucro" pelo termo "juro" em várias páginas.

A edição chegou às livrarias na primeira quinzena do mês de março de 1887.

---

[16] Ver a variante na p. 61 [deste volume].

Prefácio à segunda edição revisada (1887)

O texto a seguir é a reimpressão de três artigos que escrevi no ano de 1872 no jornal *Der Volksstaat* [O Estado Popular], de Leipzig. Foi justamente o ano em que bilhões de francos franceses inundaram a Alemanha; a dívida pública foi paga, fortalezas e casernas foram construídas, os estoques de armas e os efetivos militares foram renovados; de uma hora para a outra, o capital disponível, assim como a quantidade de dinheiro em circulação, multiplicaram-se enormemente, e isso bem na época em que a Alemanha estreou no palco mundial não só como "reino unido", mas também como grande país industrial. Os bilhões de francos conferiram à jovem grande indústria um impulso poderoso; foram sobretudo eles que fizeram deslanchar o breve e ilusório período de prosperidade após a guerra, seguido, pouco depois, em 1873-1874, da grande quebradeira que levou a Alemanha a consolidar-se como país industrial capaz de atuar no mercado mundial.

A época em que um velho país agrícola passa por tal transição – e, ainda por cima, acelerada por circunstâncias tão favoráveis – da manufatura e da pequena empresa para a grande indústria é também predominantemente um tempo de "escassez de moradia". Por um lado, as massas de trabalhadores rurais são atraídas de repente para as grandes cidades, que se transformam em centros industriais; por outro lado, a configuração arquitetônica dessas cidades mais antigas deixa de satisfazer às condições da nova grande indústria e do trânsito que lhe corresponde; ruas são alargadas e realinhadas,

Friedrich Engels

ferrovias instaladas no meio delas. No momento em que os trabalhadores afluem em massa, as moradias dos trabalhadores são derrubadas aos montes. O resultado disso é a repentina escassez de moradia para os trabalhadores e a crise do pequeno comércio e da pequena indústria que dependem deles como clientela. Nas cidades que já nasceram como centros industriais, essa escassez de moradia é praticamente desconhecida. É o caso de Manchester, Leeds, Bradford, Barmen-Elberfeld. Em Londres, Paris, Berlim, Viena, ao contrário, a seu tempo ela assumiu forma aguda e em geral persiste de maneira crônica.

Portanto, foi justamente essa escassez aguda de moradia, esse sintoma da Revolução Industrial que ocorria na Alemanha, que provocou naquela época uma enxurrada de ensaios na imprensa sobre a "questão da moradia" e deu ocasião a todo tipo de charlatanice social. Uma série de artigos desse quilate perdeu o rumo e foi parar também no jornal *Der Volksstaat*. O autor anônimo, que mais tarde se identificou como o Sr. Dr. A. Mülberger, médico de Württemberg, julgou a ocasião oportuna para, tomando essa questão como exemplo, tornar claros para os trabalhadores alemães os efeitos milagrosos da panaceia social de Proudhon. Quando manifestei aos redatores minha estranheza pela acolhida desses artigos esquisitos, fui conclamado a redigir uma resposta, o que fiz. (Ver a seção I: "Como Proudhon resolve a questão da moradia".) A essa primeira série de artigos acrescentei depois uma segunda, na qual examino a concepção burguesa-filantrópica da questão, tomando por base um texto do Dr. Emil Sax (seção II: "Como a burguesia resolve a questão da moradia"). Após uma longa pausa, o Sr. Dr. Mülberger acabou me honrando com uma réplica aos meus artigos que me forçou a escrever uma tréplica (seção III: "Adendo sobre Proudhon e a questão da moradia"), com a qual se encerrou a polêmica, bem como minha dedicação específica ao tema. Essa é a história do surgimento dessas três séries de artigos, que também foram publicadas separadamente em forma de brochura. Devo a necessidade desta nova impressão, sem dúvida nenhuma, à amável solicitude do governo alemão, que, ao proibir o texto, deu enorme incentivo à sua procura, como sempre acontece

Sobre a questão da moradia

nesses casos, pelo que só posso expressar-lhe meu mais profundo agradecimento.

Para esta nova impressão, revisei o texto, fiz alguns acréscimos, incluí algumas notas e corrigi um pequeno equívoco econômico na primeira seção, que o meu adversário, o Dr. Mülberger, infelizmente não foi capaz de detectar.

Na revisão desses textos, vêm-me lucidamente à consciência os imensos progressos feitos pelo movimento internacional dos trabalhadores nos últimos quarenta anos. Naquela época, ainda se tratava do fato de que "há vinte anos os trabalhadores de fala românica não têm outro alimento intelectual além das obras de Proudhon" e, quando muito, da interpretação ainda mais parcial do proudhonismo levada a cabo por Bakunin, o pai do "anarquismo", que via Proudhon como "mestre de todos nós", *notre maître à nous tous*. Mesmo que na França os proudhonistas não passassem de uma pequena seita entre os trabalhadores, eles eram os únicos que dispunham de um programa formulado com precisão e, sob a Comuna, puderam assumir a liderança na esfera econômica. Na Bélgica, o proudhonismo reinava incontestе entre os trabalhadores valões; na Espanha e na Itália, com raríssimas exceções, quem não era anarquista no movimento dos trabalhadores era decididamente proudhonista. E hoje? Na França, Proudhon foi completamente descartado pelos trabalhadores e conta com adeptos só entre os burgueses e pequeno-burgueses radicais, que, enquanto proudhonistas, também se denominam "socialistas", sendo, porém, combatidos com toda a veemência possível pelos trabalhadores socialistas. Na Bélgica, os flamengos tomaram o lugar dos valões na liderança do movimento, que ergueram poderosamente ao destituir o proudhonismo. Tanto na Espanha como na Itália, a maré alta do anarquismo da década de 1870 se desfez e arrastou consigo os resquícios do proudhonismo; enquanto na Itália o novo partido ainda se encontra na fase de esclarecimento e formação, na Espanha o pequeno núcleo que, com o nome de Nueva Federación Madrileña [Nova Federação Madrilenha], se manteve fiel ao Conselho Geral da Internacional evoluiu para um partido robusto que – como se pode depreender da própria imprensa republicana – destrói a influência dos republicanos burgueses sobre os trabalhadores de

Friedrich Engels

modo bem mais eficaz do que jamais foram capazes seus barulhentos precursores anarquistas. Entre os trabalhadores românicos, o lugar das obras esquecidas de Proudhon foi tomado por obras como *O capital*, *Manifesto Comunista** e uma série de outros escritos da escola marxiana, e a principal exigência de Marx, a saber, a apropriação, em nome da sociedade, do conjunto dos meios de produção pelo proletariado, alçado ao domínio político absoluto, constitui hoje a reivindicação de toda a classe revolucionária dos trabalhadores, inclusive nos países românicos.

Se, por conseguinte, o proudhonismo já foi definitivamente posto de lado pelos trabalhadores até nos países românicos, se só serve – correspondendo à sua determinação mais própria – a radicais burgueses franceses, espanhóis, italianos e belgas como expressão de seus desejos burgueses e pequeno-burgueses, por que retornar a ele? Por que voltar a combater um adversário já falecido mediante a reimpressão destes artigos?

Em primeiro lugar, porque estes artigos não se restringem à mera polêmica contra Proudhon e seus representantes alemães. Em consequência da divisão do trabalho acordada entre mim e Marx, cabia-me defender nossas concepções na imprensa periódica e principalmente, portanto, na luta contra opiniões adversárias, para que Marx dispusesse de tempo para elaborar sua grande obra principal. Desse modo, encontrei-me na posição de expor nossa maneira de ver as coisas geralmente de forma polêmica, em contraposição a outras visões. É o que acontece também aqui. As seções I e III não contêm apenas uma crítica da concepção proudhoniana a respeito da questão em pauta, mas também a exposição de nossa própria concepção.

Em segundo lugar, a importância de Proudhon na história do movimento europeu dos trabalhadores é grande demais para que caia no esquecimento sem mais nem menos. Descartado no plano teórico, posto de lado na prática, ele continua despertando interesse histórico. Quem se ocupa mais detidamente com o socialismo moderno deve tomar conhecimento também dos "pontos de vista superados" pelo movimento. A *Miséria da filosofia* de Marx foi publicada vários

---

* Karl Marx e Friedrich Engels, *Manifesto Comunista* (trad. Álvaro Pina e Ivana Jinkings, São Paulo, Boitempo, 2010). (N. E.)

Sobre a questão da moradia

anos antes de Proudhon apresentar suas propostas práticas de reforma da sociedade; nesse escrito, Marx conseguiu descobrir e criticar apenas o embrião do banco de troca de Proudhon. Quanto a esse aspecto, portanto, seu trabalho é complementado por este escrito, infelizmente de modo imperfeito. Marx teria resolvido isso de modo muito melhor e mais contundente.

E, por fim, até o presente momento, o socialismo burguês e pequeno-burguês tem forte representação na Alemanha. Mais exatamente, de um lado, por socialistas catedráticos e filantropos de todo tipo, para os quais o desejo de transformar os trabalhadores em proprietários de sua moradia ainda desempenha um papel importante, e aos quais, portanto, meu texto ainda se aplica. Contudo, de outro lado, no próprio Partido Social-Democrata, inclusive em sua fração parlamentar, encontra-se representado um certo socialismo pequeno-burguês. Mais exatamente, um socialismo que até reconhece como justificadas as noções básicas do socialismo moderno e a exigência de transformação de todos os meios de produção em propriedade social, mas declara sua realização como possível só num tempo remoto, praticamente imprevisível. Em consequência, no presente, vive-se na base de meros remendos sociais e, conforme as circunstâncias, pode-se simpatizar até mesmo com as aspirações mais reacionárias, visando à assim chamada "elevação da classe trabalhadora". A existência dessa corrente é inevitável na Alemanha, a terra da burguesia tacanha *par excellence*, e justo numa época em que o desenvolvimento industrial desarraiga com violência e em massa essa burguesia tacanha, profundamente enraizada. Tal corrente é totalmente inofensiva para o movimento em virtude do notável bom senso de nossos trabalhadores, que se afirmou com brilhantismo justamente nos últimos oito anos de lutas contra a lei socialista, a polícia e os juízes. Todavia, é necessário ter clareza de que existe essa corrente. E, se mais adiante ela assumir uma forma mais consistente e contornos mais definidos, como é necessário e até desejável que aconteça, terá de recorrer aos seus precursores para formular seu programa e, nesse processo, dificilmente poderá ignorar Proudhon.

O cerne da solução para a "questão da moradia", apresentada tanto pela grande quanto pela pequena burguesia, é que o

Friedrich Engels

trabalhador tenha a propriedade de sua habitação. Esse, porém, é um ponto sobre o qual o desenvolvimento industrial da Alemanha dos últimos vinte anos lançou uma luz muito peculiar. Em nenhum outro país existem tantos trabalhadores assalariados que sejam proprietários não só de sua moradia, mas também de uma horta ou campo; e, ao lado desses, há ainda numerosos outros que, na condição de arrendatários, têm a posse relativamente assegurada da casa, horta ou campo. A indústria doméstica rural, gerida em conexão com a horticultura ou a agricultura em pequena escala, compõe a base ampla da jovem grande indústria da Alemanha; no lado ocidental, os trabalhadores são preponderantemente proprietários, no lado oriental, preponderantemente arrendatários de seu local de residência. Deparamo-nos com essa conjugação da indústria doméstica com a horticultura e a agricultura, e, por conseguinte, com a moradia assegurada, não só em todos os lugares em que a tecelagem manual ainda tenta contrapor-se ao tear mecânico, como na Baixa Renânia e na Vestfália, nos Montes Metalíferos da Saxônia e na Silésia; nós a encontramos também em todos os lugares em que a indústria doméstica de qualquer tipo se imiscuiu na forma de atividade industrial rural, como na Floresta da Turíngia e na região de Rhön. Por ocasião das negociações em torno do monopólio do tabaco, veio à tona a intensidade com que a fabricação do charuto já é levada a cabo mediante o trabalho doméstico rural; e onde sucede uma situação crítica entre os pequenos agricultores, como há alguns anos na região de Eifel, a imprensa burguesa imediatamente clama, como último remédio, pela introdução de uma indústria doméstica adequada. De fato, tanto a situação cada vez mais crítica dos parceleiros alemães quanto a situação geral da indústria alemã levam a uma expansão cada vez maior da indústria doméstica rural. Trata-se de um fenômeno típico da Alemanha. Só muito excepcionalmente encontramos algo parecido na França, por exemplo nas regiões de sericicultura; na Inglaterra, onde não existem pequenos agricultores, a indústria doméstica rural está baseada no trabalho das mulheres e dos filhos dos diaristas ativos na agricultura; só na Irlanda constatamos que a indústria doméstica da confecção têxtil é de fato gerida por famílias de agricultores, à semelhança do que ocorre na Alemanha.

Sobre a questão da moradia

Naturalmente não falaremos aqui da Rússia nem de outros países não representados no mercado industrial mundial.

Assim, em vastas regiões da Alemanha subsiste uma situação industrial que, à primeira vista, equipara-se àquela que predominava na época anterior à introdução da maquinaria. Mas apenas à primeira vista. A indústria doméstica rural da época mais antiga, associada à horticultura e à agricultura, constituiu, pelo menos nos países que estão progredindo industrialmente, a base de uma condição materialmente rentável e relativamente cômoda da classe trabalhadora, mas também de sua nulidade intelectual e política. O produto manufaturado e seus custos determinavam o preço de mercado e, em virtude da produtividade diminuta em comparação com a de hoje, os mercados consumidores, via de regra, cresciam mais rapidamente do que a oferta. Em meados do século passado, isso valia para a Inglaterra e em parte para a França, principalmente no que se refere à indústria têxtil. Na Alemanha, entretanto, que naquela época estava se recuperando da devastação provocada pela Guerra dos Trinta Anos e sob as condições mais desfavoráveis possíveis, o panorama era bem diferente; a única indústria doméstica que trabalhava para o mercado mundial, a tecelagem do linho, era tão oprimida por impostos e ônus feudais que não foi capaz de elevar o agricultor tecelão acima do nível muito baixo do restante do campesinato. Seja como for, porém, naquela época o trabalhador industrial rural tinha uma existência de certo modo assegurada.

Com a introdução da maquinaria, tudo isso mudou. O preço passou a ser determinado pelo produto da máquina e o salário do trabalhador da indústria doméstica baixou junto com esse preço. Mas o trabalhador tinha de aceitá-lo ou procurar outro trabalho, o que não podia fazer sem se tornar proletário, isto é, sem renunciar à sua casinha, à sua hortinha e à sua rocinha – próprios ou arrendados. E isso ele só quis fazer em casos raríssimos. Assim, a horticultura e a agricultura dos antigos tecelões rurais foi a causa pela qual a batalha do tear manual contra o tear mecânico se prolongou tanto por toda parte, e na Alemanha ainda não chegou a um desfecho. Nessa batalha, evidenciou-se pela primeira vez, principalmente na Inglaterra, que a mesma circunstância que antes fora a base de um bem-estar

Friedrich Engels

relativo dos trabalhadores – a posse de seus meios de produção – passara a constituir para eles um empecilho e uma desgraça. Na indústria, o tear mecânico derrotou o tear manual; no cultivo do campo, a agricultura extensiva enxotou a pequena empresa agrícola. Porém, enquanto nessas duas áreas produtivas o trabalho conjunto de muitos e a utilização da maquinaria e da ciência se tornaram regra social, a casinha, a hortinha, a rocinha e o tear prenderam o trabalhador ao método antiquado da produção individual e do trabalho manual. A posse de casa e horta passou a valer bem menos do que a mobilidade ao desamparo da lei. Nenhum trabalhador de fábrica teria trocado de posição com um tecelão rural que, lenta mas seguramente, morria de fome.

A Alemanha ingressou tardiamente no mercado mundial; nossa grande indústria, que data da década de 1840, teve seu primeiro impulso para o crescimento graças à revolução de 1848 e só atingiu todo o seu potencial quando as revoluções de 1866 e 1870 tiraram de seu caminho pelo menos os obstáculos políticos mais difíceis. Mas ela encontrou o mercado mundial já ocupado em grande parte. Os artigos de massa eram fornecidos pela Inglaterra, os artigos de luxo pela França. A Alemanha não conseguiu bater aqueles no preço nem estes na qualidade. Assim, não lhe restou outra saída senão começar a introduzir-se no mercado mundial segundo a linha de produção praticada até aquele momento, com artigos que eram demasiado insignificantes para os ingleses e de qualidade muito inferior para os franceses. Todavia, a praxe tão ao gosto dos alemães de lograr os outros mandando amostras boas seguidas de mercadorias ruins foi duramente punida no mercado mundial e praticamente caiu em desuso; em contrapartida, a concorrência da superprodução aos poucos empurrou os próprios ingleses para a via decadente da queda de qualidade dos produtos e, desse modo, acabou incentivando os alemães, que nesse campo são imbatíveis. E foi assim que finalmente conseguimos ter uma grande indústria e alguma importância no mercado mundial. Mas nossa grande indústria trabalha quase exclusivamente para o mercado interno (excetuando a indústria siderúrgica, que produz muito além da demanda interna) e nossa exportação em massa se compõe de um sem-número de pequenos artigos, para os quais a grande indústria fornece, quando muito, os produtos semiacabados necessários, os quais, no entanto, são obtidos em grande parte da indústria doméstica rural.

E nesse ponto aparece em todo o seu esplendor a "bênção" que é para o trabalhador moderno possuir uma casa e um terreno próprio. Em lugar nenhum do mundo, e a indústria doméstica irlandesa dificilmente será exceção, pagam-se salários tão aviltantes como na indústria doméstica alemã. A concorrência permite que o capitalista desconte do preço da força de trabalho aquilo que a família consegue extrair de sua hortinha ou de seu terreninho; os trabalhadores são obrigados a aceitar qualquer salário por unidade produzida porque, caso contrário, não recebem absolutamente nada e não podem viver somente do produto de sua atividade agrícola e porque, em contrapartida, justamente esse cultivo e essa posse da terra os prendem ao lugar, impedindo-os de buscar outra ocupação. E nisso reside a razão que mantém a Alemanha à altura da concorrência no mercado mundial com toda uma série de pequenos artigos. *Todo o lucro do capital é obtido mediante desconto do salário normal do trabalho e o mais--valor é dado de presente ao comprador.* Esse é o segredo do preço extraordinariamente baixo da maioria dos artigos de exportação alemães.

É essa circunstância, mais do que qualquer outra, que mantém os salários e a condição de vida dos trabalhadores também de outros ramos industriais na Alemanha abaixo do patamar dos países da Europa ocidental. O peso desse preço pago pelo trabalho, que tradicionalmente é mantido muito abaixo do valor da força de trabalho, é que também puxa para baixo os salários dos trabalhadores dos centros urbanos e até das metrópoles, mantendo-os abaixo do valor da força de trabalho; essa tendência é reforçada porque, também nas cidades, a indústria doméstica mal remunerada tomou o lugar do antigo ofício manual e puxa os salários para baixo, mantendo-os abaixo do nível geral.

Neste ponto, podemos ver claramente: o que num estágio histórico anterior era a base de um relativo bem-estar dos trabalhadores, ou seja, a conjunção de cultivo da terra e indústria, a posse da casa, da horta e da roça, a moradia assegurada, torna-se hoje, sob o domínio da grande indústria, não só a mais terrível amarra para os trabalhadores, mas também a maior desgraça possível para toda a classe trabalhadora, a base de uma pressão sem precedentes sobre o salário para que este permaneça abaixo do patamar normal não só em alguns ramos e em algumas regiões, mas em todo o território nacional. Não admira que a grande e a pequena burguesias, que vivem desses descontos anormais do salário e enriquecem com eles, sejam entusiastas da indústria rural, dos trabalhadores proprietários de casas e, para todas as situações críticas rurais, veja a introdução de novas indústrias domésticas como único remédio!

Esse é um dos lados da questão, mas há o reverso. A indústria doméstica tornou-se a ampla base do comércio de exportação alemão e, portanto, de toda a grande indústria. Isso fez com que ela se disseminasse por vastos rincões da Alemanha e continuasse a expandir-se diariamente. A ruína do pequeno agricultor tornou-se inevitável a partir do momento em que seu trabalho industrial manual para consumo próprio foi destruído pelo produto barato da confecção e da máquina, e seu rebanho, ou seja, sua produção de adubo, foi aniquilado pela revogação do estatuto da marca [*Mark*] e pela extinção da marca comunal [*gemeine Mark*] e do sistema de cultivo conjunto e variado do solo [*Flurzwang*] – essa ruína empurra violentamente para os braços da moderna indústria doméstica os pequenos agricultores que caíram nas mãos dos usurários. Como na Irlanda a renda fundiária do proprietário de terra pôde ser paga com o salário dos agricultores industriais, na Alemanha os juros do usurário hipotecário puderam ser pagos da mesma forma. Contudo, com a expansão da indústria doméstica, as regiões camponesas são arrastadas uma a uma para o movimento industrial do presente. É essa revolução dos distritos rurais pela indústria doméstica que faz a Revolução Industrial na Alemanha expandir-se por um território bem mais vasto do que aquele na Inglaterra e na França; o que torna a expansão geográfica de nossa indústria tanto mais necessária é sua qualidade relativamente baixa. Isso explica por que, na Alemanha, em contraste com a Inglaterra e a França, o movimento revolucionário dos trabalhadores se disseminou tão poderosamente por grande parte do campo, ao invés de permanecer ligado exclusivamente aos centros

Sobre a questão da moradia

urbanos. E isso, por sua vez, explica o progresso tranquilo, seguro e incessante do movimento. Na Alemanha, é evidente por si só que um levante vitorioso na capital e nas demais grandes cidades só será possível quando a maioria das pequenas cidades e grande parte dos distritos rurais estiverem maduros para a reviravolta. No caso de ocorrer um desenvolvimento mais ou menos normal, nunca estaremos em condições de conquistar vitórias como as dos trabalhadores parisienses em 1848 e 1871, mas, justamente por isso, tampouco sofreremos as derrotas que a província reacionária infligiu à capital revolucionária, como as sofridas por Paris nesses dois casos. Na França, o movimento sempre partiu da capital, na Alemanha, dos distritos da grande indústria, da manufatura e da indústria doméstica; a capital só foi conquistada mais tarde. Por conseguinte, talvez no futuro a iniciativa esteja reservada aos franceses, mas o desfecho só poderá ser decidido na Alemanha.

Ocorre, porém, que essa indústria doméstica e essa manufatura rural, que se tornaram, por sua expansão, o ramo produtivo determinante da Alemanha e, desse modo, estão revolucionando cada vez mais o campesinato alemão, são apenas o pré-estágio de uma revolução ulterior. Como já foi demonstrado por Marx (*O capital*, v. I, p. 442-53)*, a hora do seu fim também soará, em determinado estágio do desenvolvimento, provocada pela maquinaria e pela atividade fabril. E essa hora parece ser iminente. Todavia, a aniquilação da indústria doméstica e da manufatura rural pela maquinaria e pela atividade fabril equivale, na Alemanha, à aniquilação de milhões de produtores rurais, à expropriação de quase metade de todos os pequenos agricultores alemães, à transformação não só da indústria doméstica em atividade fabril, mas também da economia camponesa em agricultura extensiva capitalista e da pequena propriedade fundiária em grandes domínios – revolução industrial e agrícola a favor do capital e do latifúndio à custa dos agricultores. Se a Alemanha estiver fadada a passar por essa transformação ainda sob as velhas condições sociais, essa transformação constituirá o ponto de mutação impreterível. Se até aquele momento a classe trabalhadora

---

* Karl Marx, *O capital: crítica da economia política*, Livro I: *O processo de produção do capital* (trad. Rubens Enderle, São Paulo, Boitempo, 2013), p. 531-51. (N. T.)

de outro país não tiver tomado a iniciativa, a Alemanha fará o primeiro movimento e os filhos dos agricultores do "exército senhorial" darão seu valente apoio.

E, agora, a utopia burguesa e pequeno-burguesa que quer dar a cada trabalhador uma casinha própria e, desse modo, amarrá-lo ao capitalista de modo semifeudal assume uma nova feição. A realização dessa utopia aparece como a transformação de todos os pequenos proprietários rurais em trabalhadores industriais domésticos; a aniquilação da velha reclusão e, com ela, da nulidade política dos pequenos agricultores, que são arrastados para o "turbilhão social"; o alastramento da Revolução Industrial pelo campo e a consequente transformação da classe mais conservadora e mais estável da população num viveiro revolucionário; e, como chave de ouro, a expropriação dos agricultores da indústria doméstica pela maquinaria que os empurra com violência para a sublevação.

Podemos conceder de bom grado aos filantropos socialistas burgueses que desfrutem de seu ideal na esfera privada, enquanto em sua função pública como capitalistas continuam a realizá-lo dessa maneira invertida, para proveito e consagração da revolução social.

Friedrich Engels
Londres, 10 de janeiro de 1887

I

Como Proudhon resolve a questão da moradia

No número 10 e nos números seguintes do jornal *Der Volksstaat*, encontra-se uma série de seis artigos sobre a questão da moradia[1] que merecem atenção por uma única razão: afora certos diletantismos literários da década de 1840, há muito tempo desaparecidos, eles constituem a primeira tentativa de transplantar a escola de Proudhon para a Alemanha. Isso representa um retrocesso tão colossal em relação a todo o curso do desenvolvimento do socialismo alemão, que há 25 anos deu o golpe fatal justamente nas concepções proudhonianas[*], que é válido o esforço de fazer o contraponto imediato a essa tentativa.

---

[1] [Arthur Mülberger,] "Die Wohnungsfrage", *Der Volksstaat*, Leipzig, n. 10, 3 de fevereiro de 1872, p. 1; n. 11, 7 de fevereiro de 1872, p. 2-3; n. 12, 10 de fevereiro de 1872, p. 3; n. 13, 14 de fevereiro de 1872, p. 3; n. 15, 21 de fevereiro de 1872, p. 3; n. 19, 6 de março de 1872, p. 2. O autor dessa série de artigos anônimos foi o médico Arthur Mülberger. Os editores do jornal *Der Volksstaat* explicaram em nota de rodapé: "Estes artigos foram escritos originalmente para o jornal *Der Volkswille* [A vontade popular], que já publicou quatro deles, e foram postos à disposição do nosso jornal pelo autor" (*Der Volksstaat*, Leipzig, n. 10, 3 de fevereiro de 1872, p. 1). O jornal dos trabalhadores *Der Volkswille*, de Viena, também publicou essa série de artigos de Mülberger anonimamente, com o mesmo título nas seguintes edições: n. 1, 6 de janeiro, n. 2, 13 janeiro, n. 4, 27 de janeiro, n. 5, 3 de fevereiro, n. 6, 10 de fevereiro, e n. 7, 17 de fevereiro de 1872.

[*] Em Marx, *Misère de la philosophie etc.* (Bruxelas e Paris, 1847) [ed. bras.: *Miséria da filosofia*, trad. J. C. Morel, São Paulo, Ícone, 2004]. [Nota de Engels à edição de 1872-1873.]

Friedrich Engels

A assim chamada escassez de moradia, que desempenha um papel tão importante na imprensa atual, não consiste em que a classe dos trabalhadores esteja vivendo, de modo geral, em moradias ruins, superlotadas e insalubres. *Essa* escassez de moradia não é peculiar da época atual; ela não é nem mesmo um dos sofrimentos peculiares do proletariado moderno em comparação com todas as classes oprimidas anteriores; pelo contrário, ela atingiu todas as classes oprimidas de todos os tempos de modo bastante homogêneo. Para pôr um fim a *essa* escassez de moradia só existe *um* meio: eliminar totalmente a espoliação e a opressão da classe trabalhadora pela classe dominante. – O que hoje se entende por escassez de moradia é o peculiar agravamento das más condições de moradia dos trabalhadores em razão da repentina afluência da população às metrópoles; é o aumento colossal dos preços do aluguel; é a aglomeração ainda maior de moradores nas casas particulares; e, para alguns, é a total impossibilidade de encontrar alojamento. E a única razão pela qual *essa* escassez de moradia passou a ser tema frequente é que ela não se limitou à classe dos trabalhadores, mas acabou atingindo também a pequena burguesia.

A escassez de moradia dos trabalhadores e de uma parcela dos pequeno-burgueses de nossas metrópoles modernas constitui uma das inumeráveis precariedades *de menor importância*, secundárias, que decorrem do atual modo de produção capitalista. De modo algum é consequência direta da espoliação do trabalhador, *enquanto* trabalhador, pelo capitalista. Essa espoliação é o mal fundamental que a revolução social quer abolir, abolindo o modo de produção capitalista. Mas a pedra angular do modo de produção capitalista é este fato: nossa atual ordem social dá condições ao capitalista de comprar a força de trabalho do trabalhador por seu valor, mas extrair dela muito mais do que o valor pago por ela, fazendo com que o trabalhador trabalhe mais tempo do que o necessário para reposição do preço pago pela força de trabalho. O mais-valor gerado dessa maneira é repartido entre todos os integrantes da classe dos capitalistas e proprietários de terras, bem como seus servidores pagos, desde o papa e o imperador até o vigia noturno e abaixo dele. Não nos interessa aqui como se faz essa repartição; o que se sabe com

Sobre a questão da moradia

certeza é isto: todos que não trabalham só podem viver dos restos desse mais-valor que fluem até eles de uma maneira ou de outra (ver Marx, *O capital*, em que isso é explicitado pela primeira vez)[2].

O mais-valor produzido pela classe trabalhadora e subtraído dela sem pagamento é repartido entre as classes não trabalhadoras num processo cheio de querelas sumamente edificantes e trapaças mútuas; na medida em que essa repartição se dá pela via da compra e da venda, uma de suas alavancas principais é o logro aplicado no comprador pelo vendedor, e isso acabou se tornando uma condição absoluta de sobrevivência para o vendedor que atua no pequeno comércio, principalmente nas metrópoles. Porém, quando o trabalhador é enganado no preço ou na qualidade das mercadorias {D4: da mercadoria} pelo merceeiro ou pelo padeiro, não é em sua qualidade específica de trabalhador. Pelo contrário, se certa proporção de logro se torna a regra social em algum lugar, com o passar do tempo ela precisa ser compensada mediante uma elevação correspondente dos salários. O trabalhador comparece diante do merceeiro como comprador, isto é, como possuidor de dinheiro ou crédito e, por conseguinte, de modo algum na qualidade de trabalhador, isto é, de vendedor de força de trabalho. O logro pode até atingi-lo, como sempre acontece com a classe mais pobre, mais duramente do que atinge as classes sociais mais ricas, mas não é um mal que o atinge com exclusividade, que seja peculiar à sua classe.

O mesmo ocorre com a escassez de moradia. A expansão das metrópoles modernas confere ao terreno situado em certas áreas, especialmente nas mais centrais, um valor artificial, que com frequência aumenta de forma colossal; os prédios construídos nelas, em vez de elevar esse valor, acabam pressionando-o para baixo, porque não correspondem mais às novas condições; eles são demolidos e outros são construídos em seu lugar. Isso acontece sobretudo com moradias de trabalhadores localizadas no centro, cujo aluguel, por mais superlotadas que estejam as casas, jamais ou só muito lentamente teria como ultrapassar um certo valor máximo. Elas são

---

[2] Ver Karl Marx, *Das Kapital: Kritik der politischen Oekonomie* (Hamburgo, Otto Meissner, v. 1, 1867), p. 141-496 (MEGA-2 II/5, p. 129-413) [ed. bras.: *O capital*, Livro I, cit., p. 223-602].

Friedrich Engels

demolidas e, em seu lugar, constroem-se lojas, depósitos de mercadorias, prédios públicos. Em Paris, o bonapartismo por intermédio de Haussmann[3] explorou colossalmente essa tendência na prática da fraude e do enriquecimento privado; mas o espírito de Haussmann também se espalhou por Londres, Manchester, Liverpool, e parece sentir-se em casa igualmente em Berlim e Viena. O resultado é que os trabalhadores são empurrados do centro das cidades para a periferia, as moradias dos trabalhadores e, de modo geral, as moradias menores se tornam raras e caras e muitas vezes nem podem ser adquiridas, porque nessas condições a indústria da construção civil, para a qual as moradias mais caras representam um campo de especulação muito mais atrativo, apenas excepcionalmente construirá moradias para trabalhadores.

A escassez de locação com certeza atinge o trabalhador mais duramente do que qualquer classe mais abastada; mas, a exemplo do logro praticado pelo merceeiro, não constitui uma precariedade que aflija exclusivamente a classe trabalhadora e, na medida em que atinge a classe dos trabalhadores, tem de receber certa compensação econômica assim que chega a um nível determinado e a certa duração.

É preferencialmente com esses sofrimentos, os quais a classe trabalhadora compartilha com outras classes, sobretudo com a pequena burguesia, que o socialismo pequeno-burguês, ao qual pertence também Proudhon, gosta de se ocupar. Assim, não é por acaso que nosso proudhonista alemão se apossa, antes de tudo, da questão da moradia, que, como vimos, não é de modo algum uma questão exclusiva dos trabalhadores, e a declare, ao contrário, uma questão verdadeira e exclusiva dos trabalhadores:

> "O que o *trabalhador assalariado* é para o *capitalista*, o *locatário* é para o *dono da casa*"[4].

---

[3] Nas décadas de 1850 e 1860, o prefeito do Departamento do Sena, Georges Eugène Haussmann, ordenou a execução de trabalhos abrangentes de remodelação de Paris, dentre os quais o alargamento de ruas e a construção de ruas novas e retilíneas – medidas que permitiram às tropas do governo o uso de artilharia contra os levantes populares. Nos dezessete anos da administração de Haussmann, os gastos com a reforma de Paris chegaram a 1,068 bilhão de francos. Desses recursos públicos, Haussmann e seus subordinados embolsaram indevidamente somas elevadíssimas.

[4] [Arthur Mülberger,] "Die Wohnungsfrage", *Der Volksstaat*, Leipzig, n. 12, 10 de fevereiro de 1872, p. 3.

Sobre a questão da moradia

Isso está totalmente errado.

Na questão da moradia, confrontam-se duas partes, o locatário e o locador ou proprietário da casa. Aquele quer comprar deste o uso temporário de uma moradia; ele tem dinheiro ou crédito – mesmo que tenha de adquirir esse crédito do próprio proprietário da casa por um preço de usura, um acréscimo no aluguel. Trata-se de uma simples venda de mercadoria; não é uma transação entre proletário e burguês, entre trabalhador e capitalista; o locatário – mesmo quando é um trabalhador – apresenta-se como *homem de posses*; ele precisa já ter vendido a mercadoria que lhe é própria, sua força de trabalho, para apresentar-se com a receita assim obtida como comprador do direito de uso de uma moradia ou deve poder oferecer garantias da venda iminente dessa força de trabalho. Aqui estão inteiramente ausentes os resultados peculiares da venda da força de trabalho para o capitalista. O capitalista faz com que a força de trabalho comprada, em primeiro lugar, reponha seu próprio valor e, em segundo lugar, gere um mais-valor, que permanece em seu poder provisoriamente até ser repartido entre a classe dos capitalistas. Nesse caso, portanto, é gerado só {D4 substitui "só" por "um"} valor excedente, a soma total do valor existente é aumentada. Totalmente diferente é a transação do aluguel. Por maior que seja a vantagem que o locador extraia do locatário, trata-se apenas da transferência de um valor já *existente*, previamente *gerado*, e a soma total dos valores possuídos *em conjunto* pelo locatário e pelo locador permanece sempre a mesma. Não importa se seu trabalho é pago pelo capitalista abaixo de seu valor, acima de seu valor ou por seu valor, o trabalhador é sempre logrado numa parcela do produto de seu trabalho; o locatário só quando tem de pagar a moradia acima de seu valor. Portanto, querer equiparar a relação entre locatário e locador com a relação entre trabalhador e capitalista é distorcê-la completamente. Pelo contrário, estamos lidando nesse caso com uma transação comercial bastante comum de mercadoria entre dois cidadãos, e essa transação é feita de acordo com as leis econômicas que regulam a venda de mercadorias em geral e a venda da mercadoria de "posse fundiária" em especial. O primeiro item que entra no cálculo é o custo de construção e manutenção da casa ou da respectiva parte da casa; em segundo lugar, leva-se em conta o valor do terreno, condicionado pela localização

Friedrich Engels

mais ou menos favorável da casa; o valor final é determinado pela situação momentânea da relação entre oferta e procura. Essa relação econômica simples se expressa da seguinte maneira na cabeça de nosso proudhonista:

> A casa uma vez construída serve de *documento legal perene* que dá direito a uma determinada fração do trabalho social, mesmo que o valor efetivo da casa há muito já tenha sido pago ao seu possuidor na forma de aluguel. É por isso que uma casa construída, por exemplo, há cinquenta anos, durante esse período já cobriu {D4 substitui "cobriu" por "cobre"} duas, três, cinco, dez etc. vezes seu preço de custo original mediante o ganho proporcionado por seu aluguel.[5]

Temos aqui, logo de saída, Proudhon inteiro. Em primeiro lugar, ele esquece que o aluguel da casa não só tem de incluir os juros referentes aos custos da construção da casa, mas também cobrir os consertos e o montante médio de dívidas ruins, aluguéis não pagos, bem como os ocasionais períodos em que a casa fica vazia {D4 acrescenta: "e, por fim, amortizar em parcelas anuais o capital investido numa casa perecível, que com o passar do tempo torna-se inabitável e sem valor"}[6]. Em segundo lugar, ele esquece que o aluguel da moradia tem de incluir também os juros referentes ao aumento de valor

---

[5]   [Arthur Mülberger,] "Die Wohnungsfrage", *Der Volksstaat*, Leipzig, n. 10, 3 de fevereiro de 1872, p. 1. Grifo de Engels.

[6]   Na troca de impressões entre Marx e Engels sobre a obra *Idée générale de la révolution au XIXᵉ siècle* [Ideia geral da revolução no século XIX], de Pierre-Joseph Proudhon, ocorrida já em 1851, Engels se posicionou, entre outras coisas, também a respeito da concepção de Proudhon sobre a propriedade imobiliária (ver Pierre-Joseph Proudhon, *Idée générale de la révolution au XIXᵉ siècle*, Paris, Garnier Frères, 1851, p. 192-222). Em seu comentário crítico sobre o texto de Proudhon, solicitado por Marx (carta de Marx a Engels de 14 de agosto de 1851), Engels formulou a ideia de que o aluguel de uma casa deve incluir os juros não só dos custos de construção, mas também dos consertos: "Se a taxa do juro = 0, o aluguel também cai para zero (portanto, lucro e renda fundiária dependem do juro), p. 218. Decreto: *Tout paiement fait à titre de loyer sera porté en à-compte de la propriété, celle-ci estimée au vingtuple du prix de location* [Todo pagamento feito a título de aluguel será por conta da propriedade e esta será estimada em vinte vezes o preço de locação] – e os consertos?" (Friedrich Engels, "Bemerkungen zu Proudhons *Idée générale de la révolution au XIXᵉ siècle*", em MEGA-2 I/11).

do terreno em que se encontra a casa e, portanto, que uma parte dele consiste em renda fundiária. Nosso proudhonista se apressa a explicar que esse aumento de valor, por ter sido efetuado sem a participação do proprietário da terra, por direito não pertence a ele, mas à sociedade; mas ele não se dá conta de que, desse modo, ele exige na realidade a abolição da propriedade fundiária, um ponto que aqui nos levaria longe demais, se fôssemos tratá-lo mais detidamente. Por fim, ele não se dá conta de que, em toda essa transação, nem se trata de comprar a casa do proprietário, mas tão somente do direito de usá-la por um tempo determinado. Proudhon, que nunca se preocupou com as condições factuais, reais, em que ocorre qualquer fenômeno econômico, naturalmente não consegue explicar como o preço de custo original de uma casa, conforme as circunstâncias, paga-se dez vezes em cinquenta anos na forma de aluguel. Em vez de examinar economicamente essa questão, que nem é tão complicada, e constatar se ela está realmente em contradição, e de que modo, com as leis econômicas, ele recorre a um ousado salto da economia para o campo jurídico: "a casa uma vez construída serve de *documento legal perene*" que dá direito a determinado pagamento anual. Proudhon silencia sobre como se chega a isso, sobre *como* a casa se *torna* um documento legal. Mas é justamente o que ele deveria ter esclarecido. Se tivesse examinado essa questão, teria descoberto que todos os documentos legais no mundo, por mais perenes que sejam, não conseguem conferir a uma casa o poder de reaver dez vezes seu preço de custo em cinquenta anos na forma de aluguel, mas que unicamente as condições econômicas (que até podem ser socialmente reconhecidas na forma de documentos legais) podem levar isso a cabo. E, desse modo, ele teria retornado ao ponto de partida.

A doutrina proudhoniana está inteiramente baseada nesse salto salvador da realidade econômica para a fraseologia jurídica. Sempre que o bravo Proudhon perde a noção do nexo econômico – e isso lhe sucede em toda questão séria –, ele busca refúgio no campo do direito e apela para a *justiça eterna*.

Proudhon cria seu ideal de justiça, a *justice éternelle* [justiça eterna], a partir das relações jurídicas correspondentes à produção de mer-

Friedrich Engels

cadorias, por meio do que, diga-se de passagem, também é fornecida a prova, consoladora para todos os filisteus, de que a forma de produção de mercadorias é tão eterna {D4 substitui "eterna" por "necessária"} quanto a justiça. Então, em direção inversa, ele procura modelar de acordo com esse ideal a produção real de mercadorias e o direito real que a ela corresponde. O que se pensaria de um químico que, em vez de estudar as leis reais do metabolismo e de resolver determinadas tarefas com base nesse estudo, pretendesse modelar o metabolismo por meio das "ideias eternas" da *"naturalité"* [naturalidade] e da *"affinité"* [afinidade]? Por acaso se sabe mais sobre um agiota quando se diz que ele contraria a *"justice éternelle"*, a *"équité éternelle"* [equidade eterna], a *"mutualité éternelle"* [mutualidade eterna] e outras *"vérités éternelles"* [verdades eternas] do que os padres da Igreja o sabiam ao dizer que ele contradizia a *"grâce éternelle"* [graça eterna], a *"foi éternelle"* [fé eterna] e a *"volonté éternelle de Dieu"* [vontade eterna de Deus]? (Marx, *Kapital*, p. 45)[7]

Nosso proudhonista não se sai melhor do que seu mestre e senhor:

O contrato de aluguel constitui um dos milhares de transações tão necessárias na vida da sociedade moderna quanto a circulação sanguínea no corpo dos animais. Naturalmente, seria do interesse dessa sociedade se todas essas transações estivessem impregnadas de uma *ideia de direito*, isto é, em toda parte fossem efetuadas segundo as rigorosas exigências da justiça. Em suma, a vida econômica da sociedade deve, como diz Proudhon, alçar-se ao nível de um *direito econômico*. Na verdade, o que acontece é o exato oposto disso.[8]

Dá para acreditar que, cinco anos depois de Marx ter caracterizado o proudhonismo dessa maneira tão sucinta e contundente

---

[7]   Karl Marx, *Das Kapital*, cit., p. 45-6 (MEGA-2 II/5, p. 52) [ed. bras.: *O capital*, Livro I, cit., n. 38, p. 159-60].

[8]   [Arthur Mülberger,] "Die Wohnungsfrage", *Der Volksstaat*, Leipzig, n. 11, 7 de fevereiro de 1872, p. 2.

Sobre a questão da moradia

justamente quanto a esse aspecto decisivo, alguém ainda consiga mandar imprimir em língua alemã uma coisa tão confusa como essa? O que quer dizer todo esse {D4 substitui "todo esse" por "esse"} galimatias? Apenas que os efeitos práticos das leis econômicas que regulam a sociedade atual são um tapa na cara do senso jurídico do autor e que este nutre o desejo piedoso de que as coisas venham a se ajeitar de tal maneira que isso possa ser remediado. – É claro, se os sapos tivessem cauda, já teriam deixado de ser sapos! E acaso o modo de produção capitalista não está "impregnado de uma ideia de direito", a saber, de seu próprio direito de espoliar os trabalhadores? E, quando o autor diz que essa não é a *sua* ideia de direito, quanto conseguimos avançar?

Mas retomando a questão da moradia. Nosso proudhonista começa a dar vazão à sua "ideia de direito" e emite a comovente declaração que se segue:

> Não nos pejamos de afirmar que não há escárnio mais terrível de toda a cultura de nosso tão exaltado século do que o fato de 90% ou mais da população das metrópoles não ter um lugar que possa chamar de seu. O centro propriamente dito da existência moral e familiar[9], casa e lareira, é arrastado pelo turbilhão social. [...] Nesse aspecto, encontramo-nos bem abaixo dos selvagens. O troglodita tem sua caverna, o australiano {D4 acrescenta: "tem"} sua casa de barro, o índio sua própria fogueira – o proletário moderno de fato paira no ar.[10] Etc.

Nessa jeremiada, temos o proudhonismo em todo o seu feitio reacionário. Para criar a moderna classe revolucionária do proletariado foi absolutamente necessário cortar o cordão umbilical que ainda prendia o trabalhador do passado à sua terra. O tecelão manual que possuía sua casinha, sua hortinha e sua rocinha, bem como o seu tear, era, em meio a toda a miséria e a despeito de toda a pressão política que sofria, um homem satisfeito "em toda a sua piedade

---

[9]   O texto de Mülberger traz "existência moral da família".

[10] [Arthur Mülberger,] "Die Wohnungsfrage", *Der Volksstaat*, Leipzig, n. 11, 7 de fevereiro de 1872, p. 3.

Friedrich Engels

e honradez", tirava o chapéu para o rico, o padreco e o funcionário público e, em seu íntimo, era um escravo consumado. Precisamente a grande indústria moderna que converteu o trabalhador preso à sua terra em proletário sem posses *e ao desamparo da lei*, livre de todas as amarras tradicionais, solto no mundo; precisamente essa revolução econômica que criou as únicas condições sob as quais pode ser subvertida a última forma da espoliação da classe trabalhadora, a da produção capitalista. E agora vem esse proudhonista chorando copiosamente e lamentando a expulsão dos trabalhadores de sua casa e de sua lareira, como se tivesse sido um grande retrocesso, quando de fato foi a primeiríssima condição de sua emancipação espiritual.

Há 27 anos descrevi em seus traços principais exatamente como se sucedeu esse processo de expulsão dos trabalhadores de sua casa e de sua lareira, no século XVIII, na Inglaterra (*A situação da classe trabalhadora na Inglaterra*). As infâmias das quais se tornaram culpados os proprietários de terras e os fabricantes nesse processo, os efeitos prejudiciais que essa expulsão necessariamente causou aos trabalhadores envolvidos, também foram expostos condignamente naquela ocasião[11]. Mas eu poderia sequer pensar em encarar esse processo de desenvolvimento, perfeitamente necessário naquelas circunstâncias, como um retrocesso "para aquém dos selvagens"? Impossível. O proletário inglês de 1872 encontra-se numa posição infinitamente superior à do tecelão rural de 1772 que possuía "casa e lareira". O troglodita com sua caverna, o australiano com sua casa de barro ou o índio com sua própria fogueira algum dia serão capazes de protagonizar uma Revolução de Junho e uma Comuna de Paris[12]?

---

[11] Friedrich Engels, *Die Lage der arbeitenden Klasse in England* (Leipzig, Otto Wigand, 1845), p. 11-31 [ed. bras.: *A situação da classe trabalhadora na Inglaterra: segundo as observações do autor e fontes autênticas*, trad. B. A. Schumann, São Paulo, Boitempo, 2008, p. 45-62].

[12] Referência à revolta do proletariado parisiense de 23 a 26 de junho de 1848 e à primeira tentativa de tomada do poder pela classe trabalhadora em 18 de março a 28 de maio de 1871 em Paris. (Ver também Karl Marx, "Die Klassenkämpfe in Frankreich, I. Die Juniniederlage 1848", em MEGA-2 I/10, p. 119-40 [ed. bras.: *As lutas de classe na França*, trad. Nélio Schneider, São Paulo, Boitempo, 2012, p. 37-65]. – Karl Marx, "The Civil War in France", em MEGA-2 I/22, p. 119-59 [ed. bras.: *A guerra civil na França*, trad. Rubens Enderle, São Paulo, Boitempo, 2011, p. 35-81].)

Sobre a questão da moradia

Só mesmo o burguês põe em dúvida que a condição geral dos trabalhadores tenha piorado em termos materiais desde a implementação da produção capitalista em grande escala. Mas isso é razão suficiente para olharmos com nostalgia para o passado, para as panelas (também bastante minguadas) do Egito[13], para a pequena indústria rural que criou apenas espíritos servis ou até para os "selvagens"? Pelo contrário. Só o proletariado produzido pela grande indústria moderna, liberto das correntes herdadas, inclusive das que o prendiam à sua terra, e arrebanhado nas metrópoles é capaz de levar a cabo a grande transformação social que porá fim a toda espoliação e dominação classistas. Os velhos tecelões rurais, com sua casa e sua lareira, jamais teriam sido capazes disso, jamais teriam sequer formulado uma ideia dessas, e muito menos querer sua execução.

Para Proudhon, em contraposição, toda a Revolução Industrial dos últimos cem anos, a energia a vapor, o grande processo fabril que substitui o trabalho manual por máquinas e multiplica por mil a capacidade de produção do trabalho, é um evento sumamente repulsivo, algo que jamais deveria ter acontecido. O pequeno-burguês Proudhon exige um mundo em que cada qual confecciona um produto autônomo, estanque, pronto para ser consumido, e que pode ser imediatamente trocado no mercado; então, basta que cada um recupere o valor cheio de seu trabalho na forma de outro produto para que a "justiça eterna" seja satisfeita e o melhor dos mundos instaurado. Mas o melhor dos mundos proudhoniano foi esmagado ainda em botão pelo pé do desenvolvimento industrial em progresso, que há muito aniquilou o trabalho individual em todos os ramos da grande indústria e, dia após dia, continua a aniquilá-lo nos ramos menores e nos minúsculos; ele o substitui pelo trabalho social que conta com o suporte de máquinas e forças naturais postas a seu serviço, cujo produto pronto, imediatamente permutável ou consumível, é obra conjunta de muitos indivíduos por cujas mãos ele teve de passar. E foi justamente por meio dessa Revolução Industrial que a capacidade de produção do trabalho humano atingiu um nível tão

---

[13] A lenda bíblica da fuga dos judeus do cativeiro egípcio relata que os medrosos entre eles, em vista das dificuldades do caminho, sentiam saudade das "panelas de carne do Egito". [Livro do Êxodo, cap. 16,3. – N. T.]

Friedrich Engels

elevado que – pela primeira vez desde que existem seres humanos – está dada a possibilidade de produzir, com uma distribuição sensata do trabalho entre todos, não só o necessário para o consumo farto de todos os membros da sociedade e para juntar um fundo de reserva polpudo, como também para proporcionar a cada qual um tempo de lazer suficiente não só para preservar aquilo que merece ser preservado da cultura historicamente transmitida – ciência, arte, formas de relacionamento etc. –, mas também para convertê-lo de monopólio da classe dominante em bem comum de toda a sociedade, aprimorando-o cada vez mais. Nisso reside o ponto decisivo. No momento em que a capacidade de produção do trabalho humano tiver se desenvolvido a esse nível, desaparecerá todo e qualquer pretexto para a existência de uma classe dominante. Pois a razão última com a qual se defendeu a diferença de classes sempre foi esta: é necessário haver uma classe que não é obrigada a esfalfar-se com a produção de seu sustento diário para que tenha tempo de prover o trabalho intelectual da sociedade. Essa conversa fiada, que até agora tinha uma forte justificativa histórica, foi cortada pela raiz de uma vez por todas pela Revolução Industrial dos últimos cem anos. A existência de uma classe dominante torna-se, cada dia mais, um obstáculo para o desenvolvimento da força produtiva industrial e, em igual medida, para o da ciência, o da arte e, principalmente, o das formas cultas de relacionamento. Nunca houve nó mais difícil de desatar do que nossos burgueses modernos.

Nada disso interessa ao nosso amigo Proudhon. Ele quer a "justiça eterna" e nada além disso. Cada qual deve receber em troca de seu produto a remuneração inteira por seu trabalho, o valor cheio de seu trabalho. Mas calcular esse valor para um produto da indústria moderna é uma questão bastante complexa. A indústria moderna obscurece justamente a parcela específica do indivíduo no produto total, que no antigo trabalho individual era representada por si só no produto gerado. Ademais, a indústria moderna está eliminando cada vez mais a troca individual que serve de base para todo o sistema de Proudhon {D4 acrescenta: "a saber, a troca direta entre dois produtores, na qual cada um troca seu produto pelo do outro para consumi-lo"}. Em consequência, todo o proudhonismo é perpassado

Sobre a questão da moradia

por um traço reacionário, por uma aversão à Revolução Industrial e pelo desejo, que se externa ora mais aberta, ora mais dissimuladamente, de expulsar do templo toda a indústria moderna, as máquinas a vapor, as máquinas de fiar e outras enganações e retornar ao velho e sólido trabalho manual. Não importa que percamos 999 milésimos de nossa capacidade produtiva, que a humanidade inteira seja condenada à mais brutal escravidão em função do trabalho, que passar fome se torne a regra geral – basta que consigamos organizar a troca de tal modo que cada um receba "a remuneração inteira por seu trabalho" e que a "justiça eterna" seja feita? *Fiat justitia, pereat mundus!*

> "A justiça deve permanecer – Mesmo que o mundo inteiro tenha de perecer!"[14]

E o mundo de fato pereceria com essa contrarrevolução proudhoniana, se fosse possível levá-la a cabo.

Aliás, é óbvio que também no caso da produção social, condicionada pela grande indústria moderna, pode-se assegurar a "remuneração inteira por seu trabalho", na medida em que essa fraseologia faça algum {D4 exclui "algum"} sentido. {D4 acrescenta: "E ela só faz sentido se for ampliada nos seguintes termos: não é cada trabalhador individual que se torna possuidor dessa 'remuneração inteira por seu trabalho', mas seguramente toda a sociedade, composta só de trabalhadores, possuidora do produto total de seu trabalho, uma parte do qual ela divide entre seus membros para o consumo, outra parte usa para recompor e multiplicar seus meios de produção e uma terceira parte guarda como fundo de reserva da produção e do consumo".}

Pelo que foi dito anteriormente, já podemos saber de antemão como nosso proudhonista resolverá a grande questão da moradia. Por um lado, temos a exigência de que cada trabalhador tenha sua

---

[14] Dito atribuído ao imperador Ferdinando I.

Friedrich Engels

própria moradia, uma moradia que lhe pertença, para que não continuemos abaixo dos selvagens. Por outro lado, é asseverado que o pagamento duas, três, cinco ou dez vezes maior do que o preço de custo original de uma casa na forma do preço do aluguel, como ele de fato acontece, está baseado num *documento legal* e que esse documento legal se encontra em contradição com a *"justiça eterna"*. A solução é simples: aboliremos o documento legal e, por força da justiça eterna, declararemos o valor pago pelo aluguel como pagamento da prestação do preço da própria moradia. Quando alguém ajeita os pressupostos de maneira que já contenham as conclusões a serem tiradas, não é preciso ter mais habilidade do que tem qualquer charlatão para puxar de dentro do saco o resultado preparado de antemão e fincar o pé na lógica inabalável que o gerou.

É o que acontece aqui. Proclama-se como necessária a abolição da moradia de aluguel, mais precisamente na forma da exigência de que cada locatário seja transformado em proprietário de sua moradia. Como faremos isso? Muito simples:

> A moradia de aluguel será resgatada [...]. Ao atual dono da casa será pago até o último centavo do valor de sua casa. Até agora o aluguel pago representou o tributo que o locatário paga ao direito perene do capital; em vez disso, a partir do dia em que for proclamado o resgate da moradia de aluguel, a soma paga pelo locatário, regulamentada com exatidão, será o pagamento anual da prestação da moradia da qual ele tomou posse. [...] Por essa via, a sociedade [...] se transforma numa totalidade de possuidores livres e independentes de moradias.[15]

O proudhonista considera um crime contra a justiça eterna o fato de o proprietário da casa poder extrair, sem trabalho, renda fundiária e lucro {D4 substitui "lucro" por "juro"} do capital que investiu em sua casa. Ele decreta que isso tem de acabar; que o capital investido em casas não deve mais gerar lucro {D4 substitui "lucro" por "juro"} e, na medida em que se trata de posse fundiária comprada, tampouco deve continuar gerando renda fundiária. Ora, vimos que

---

15   [Arthur Mülberger,] "Die Wohnungsfrage", *Der Volksstaat*, Leipzig. n. 12, 10 de fevereiro de 1872, p. 3.

Sobre a questão da moradia

isso nem mesmo chega a tocar o modo de produção capitalista, a base da atual sociedade. O eixo em torno do qual gira a espoliação do trabalhador é a venda da força de trabalho para o capitalista e o uso que o capitalista faz dessa transação, forçando o trabalhador a produzir bem mais do que corresponde ao valor da força de trabalho. É essa transação entre capitalista e trabalhador que gera todo o mais-valor que mais tarde é repartido entre as diversas subespécies de capitalistas e seus serviçais, na forma de renda fundiária, lucro comercial, {D4 acrescenta "juro do capital",} impostos etc. E agora vem nosso proudhonista e acredita que daremos um passo adiante se proibirmos de obter lucro {D4 acrescenta "ou, nesse caso, juro"} *uma única subespécie* de capitalistas, mais precisamente aqueles capitalistas que nem mesmo fazem a compra direta da força de trabalho e, portanto, não levam à produção de nenhum mais-valor! A massa do trabalho não pago tirado da classe trabalhadora permaneceria exatamente igual, mesmo se amanhã fosse vetada aos donos de casas a possibilidade de exigir pagamento de renda fundiária e lucro {D4 substitui "lucro" por "juro"}, fato que não impede nosso proudhonista de declarar o seguinte:

> Sendo assim, a abolição da moradia de aluguel é *uma das aspirações mais fecundas e grandiosas* que brota do seio da ideia revolucionária e deve se tornar uma *exigência de primeira grandeza* por parte da democracia social.[16]

Esse é exatamente o tom de pregoeiro do mestre Proudhon em pessoa, cujo cacarejo sempre foi inversamente proporcional ao tamanho dos ovos postos.

Ora, imaginem o belo estado de coisas que se instalaria se cada trabalhador, pequeno-burguês e burguês fosse forçado a se tornar, por meio de prestações anuais, proprietário parcial num primeiro momento e depois proprietário integral de sua moradia! Nos distritos industriais da Inglaterra, onde existe uma grande indústria, mas as casas dos trabalhadores são pequenas e todo trabalhador casado vive numa casinha separada, isso ainda teria um sentido possível.

---

[16]   Idem.

Friedrich Engels

Mas a pequena indústria de Paris, bem como a da maioria das grandes cidades do continente, é suplementada por casas grandes, habitadas em conjunto por dez, vinte, trinta famílias. No dia do decreto libertador que proclamará o resgate da moradia de aluguel, Pedro estará trabalhando numa fábrica de máquinas em Berlim. Decorrido um ano, ele será proprietário, digamos, da 15ª parte de sua moradia, que consiste num cômodo no quinto andar em algum lugar perto do Portão de Hamburgo. Ele perderá o emprego e logo depois se verá numa moradia semelhante, com vista espetacular para o pátio, no terceiro andar de um prédio situado no Pothof, em Hannover, onde adquirirá exatamente $\frac{1}{36}$ da propriedade após cinco meses de estadia, quando uma greve o levará para a cidade de Munique e o obrigará, por onze meses de estadia, a assumir exatamente $\frac{11}{180}$ do direito à propriedade de um imóvel térreo bastante sombrio localizado no beco Ober-Anger. Outras mudanças, que atualmente sucedem com frequência aos trabalhadores, proporcionarão a ele mais isto: $\frac{7}{360}$ de uma moradia não menos recomendável em Saint Gallen, $\frac{23}{180}$ de outra em Leeds e $\frac{347}{56223}$ – o cálculo é exato para que a "justiça eterna" não tenha do que se queixar – de uma terceira moradia em Seraing. Ora, o que nosso bom Pedro ganha com todas essas parcelas de moradias? Quem lhe dará o valor correto por elas? Como ele encontrará o proprietário ou os proprietários das demais parcelas de suas diversas moradias anteriores? E como ficam, nesse caso, as relações de propriedade de uma casa de tamanho grande, cujos andares comportam, digamos, vinte moradias e que, depois que tiver transcorrido o período do resgate e a moradia de aluguel deixado de existir, talvez pertença a trezentos proprietários parciais espalhados pelos quatro cantos do mundo? Nosso proudhonista responderá que até lá haverá o banco de troca proudhoniano, que pagará a qualquer tempo e a toda e qualquer pessoa, por todo produto de seu trabalho, a remuneração inteira por seu trabalho e, portanto, também pagará o valor inteiro da parcela de uma moradia. Porém, o banco de troca proudhoniano[17] não nos diz respeito aqui, porque ele

---

[17] Durante a Revolução de 1848-1849, Proudhon tentou criar um banco de troca que deveria viabilizar a troca de produtos sem o uso de dinheiro. O *Banque du Peuple* [Banco do Povo], fundado por ele em 1849, quebrou depois de dois meses sem ter fechado um negócio sequer.

Sobre a questão da moradia

próprio não é mencionado em lugar nenhum dos artigos escritos sobre a questão da moradia; em segundo lugar, esse banco se baseia no equívoco singular de que, quando alguém quer vender uma mercadoria, necessariamente encontrará um comprador que lhe pagará o valor inteiro; e, em terceiro lugar, antes de Proudhon inventá-lo, ele já faliu – e não foi só uma vez – na Inglaterra com o nome de Labour Exchange Bazaar [Bazar de Troca de Produtos do Trabalho][18].

Toda a concepção de que o trabalhador deve *comprar* a própria moradia está baseada, por sua vez, na noção reacionária básica de Proudhon, já ressaltada, de que as condições criadas pela grande indústria moderna são excrescências doentias e a sociedade deve ser forçada a seguir na direção de uma condição na qual o antigo trabalho manual e estável do indivíduo é a regra, o que nada mais é do que uma restauração idealizada da atividade da pequena indústria já desaparecida e ainda em desaparecimento – isto é, pretende-se que a sociedade comece a nadar contra a correnteza a favor da qual ela está nadando há cem anos. Quando os trabalhadores tiverem sido jogados de volta nessas condições estáveis, quando o "turbilhão social" tiver sido afastado com êxito, o trabalhador naturalmente poderá voltar a fazer uso da propriedade de "casa e lareira" e a teoria do resgate descrita anteriormente se mostrará menos insossa. O que Proudhon esquece é que, para conseguir isso, ele teria de atrasar cem anos o relógio da história mundial e, desse modo, reconverter os atuais trabalhadores em espíritos servis e tacanhos, rastejantes e subservientes como eram seus tataravós.

Acontece que, na medida em que essa solução proudhoniana da questão da moradia possui um teor racional, aproveitável na prática, ela já está sendo executada hoje em dia, e essa sua execução não provém do "seio da ideia revolucionária", mas dos próprios grandes

---

[18] Os *Labour Exchange Bazaars* [Bazares de Troca de Produtos do Trabalho] (também chamados *Equitable Labour Exchange Bazaars* [Bazares de Troca Equitativa de Produtos do Trabalho]) foram fundados em várias cidades da Inglaterra por cooperativas de trabalhadores. Nesses bazares, fazia-se a troca de produtos do trabalho mediante um dinheiro-papel, cuja unidade era a hora de trabalho. A primeira instituição desse gênero foi criada por Robert Owen em setembro de 1832 e durou até 1834. A intenção dos bazares era propagar as vantagens de uma troca não vinculada à forma monetária e a possibilidade de uma transição pacífica para o socialismo. As constantes bancarrotas desses empreendimentos evidenciaram seu caráter utópico.

Friedrich Engels

burgueses. Ouçamos sobre isso um excelente jornal espanhol, *La Emancipación*, de Madri, de 16 de março {D4 acrescenta: "de 1872"}:

> Existe outro meio de resolver a questão das moradias, um meio proposto por Proudhon, que deslumbra à primeira vista, mas quando examinado de perto revela sua total impotência. Proudhon propôs que os inquilinos se convertessem em censatários, isto é, que o preço do aluguel anual servisse como parte do pagamento do valor da moradia, tornando-se o inquilino proprietário de sua residência ao cabo de certo tempo[19]. Essa medida, que Proudhon acreditou ser muito revolucionária, é hoje praticada em todos os países por companhias de especuladores que, nesses termos, aumentando o preço dos aluguéis, fazem com que se pague duas a três vezes o valor das casas. O Sr. Dollfus e outros grandes industriais do Nordeste da França puseram em prática esse sistema, não só para ganhar dinheiro, mas, além disso, com uma segunda intenção política.
>
> Os líderes mais inteligentes das classes dominantes sempre se esforçaram por aumentar o número de pequenos proprietários, para que se crie um exército contrário ao proletariado. As revoluções burguesas do século passado, ao dividir a grande propriedade dos nobres em pequenas parcelas, como querem fazer hoje os republicanos espanhóis com a propriedade territorial que ainda se encontra centralizada, criaram toda uma classe de pequenos proprietários de terras, que depois se tornou o elemento mais reacionário de nossa sociedade e que tem sido o obstáculo constante a paralisar o movimento revolucionário urbano. Ao reduzir o valor dos títulos individuais da dívida pública, Napoleão III visava criar essa mesma classe nas cidades[20]; o Sr. Dollfus e seus colegas, quando venderam aos seus trabalhadores moradias pequenas, a serem

---

[19] Ver Pierre-Joseph Proudhon, *Idée générale de la révolution au XIXᵉ siècle*, cit., p. 199-204.

[20] No dia 22 de janeiro de 1852, Napoleão III promulgou um decreto que disponibilizava um crédito estatal de 10 milhões de francos para a construção de moradias para trabalhadores nas cidades fabris francesas. A *Société des Cités Ouvrières* [Sociedade das Cidades Operárias], fundada por Jean Dollfus em Mulhouse, em 1853, construiu até 1867, com o auxílio de subvenções estatais, oitocentas casas que os

Sobre a questão da moradia

pagas em prestações anuais, procuraram sufocar todo o seu espírito revolucionário e vinculá-los pela propriedade à fábrica em que estavam trabalhando {orig. espanhol: "procuraram sufocar todo o seu espírito revolucionário e impedir ao mesmo tempo o trabalhador vinculado pela propriedade de oferecer seu trabalho em outro lugar"}. Assim, o projeto de Proudhon não só foi impotente para trazer alívio à classe trabalhadora, como ainda se voltou contra ela.[21] {D4 acrescenta *)}

---

trabalhadores podiam adquirir como propriedade mediante prestações mensais no prazo de treze a quinze anos.

[21] [Paul Lafargue,] "Artículos de primera necesidad. II. La habitación", *La Emancipación*, Madri, n. 40, 16 de março de 1872, p. 4: "*Existe otro medio de resolver la cuestión de las habitaciones, medio propuesto por Proudhon, que a primera vista deslumbra, pero que, bien examinado, descubre su total impotencia. Proudhon proponia que los inquilinos se convirtiesen en censatarios, es decir, que el precio del alquiler anual sirviese como parte de pago del valor de la habitación, viniendo cada inquilino a ser propietario de su vivienda al cabo de cierto tiempo. Esta medida, que Proudhon creía muy revolucionaria, se halla practicada hoy en todos los países, por compañías de especuladores, que de este modo, aumentando el precio de los alquileres, hacen pagar dos y tres veces el valor de la casa. M. Dolfus y otros grandes industriales del Nordeste de la Francia han puesto en práctica este sistema, no solo para ganar dinero, sino con un fin político superior.*

Los jefes más inteligentes de las clases imperantes han dirigido siempre sus esfuerzos a aumentar el número de pequeños propietarios, a fin de crearse un ejército contra el proletariado. Los revolucionarios burgueses del pasado siglo, dividiendo la gran propiedad de los nobles y del clero en pequeñas partes, como quieren hacerlo hoy los republicanos españoles con la propiedad territorial que se halla aun centralizada, crearon toda una clase de pequeños propietarios, que ha sido después el elemento más reaccionario de nuestra sociedad, y que ha sido el obstáculo incesante que ha paralizado el movimiento revolucionario de las ciudades. Napoleón III, dividiendo los cupones de las rentas del Estado, intentó crear esa misma clase en las ciudades, y M. Dolfus y sus colegas, al vender a sus trabajadores pequeñas habitaciones pagaderas por anualidades, han querido sofocar en ello todo espíritu revolucionario e impedir al mismo tiempo al obrero, ligado por la propiedad, que fuese a otra parte a ofrecer su trabajo. Así, pues, el proyecto de Proudhon, no solo era impotente para aliviar a la clase trabajadora, sino que se volvía contra ella".

*) Sobre como essa solução da questão da moradia mediante a vinculação dos trabalhadores ao próprio "lar" torna-se natural nas cercanias de cidades grandes ou em crescimento nos Estados Unidos da América, ver a seguinte passagem de uma carta de Eleanor Marx-Aveling, de Indianápolis, de 28 de novembro de 1886: "Em, ou melhor, no entorno de Kansas City, vimos pequenos casebres de madeira de aspecto miserável, de cerca de três cômodos, ainda totalmente na selva; o terreno custou 600 dólares e só oferecia espaço para construir a casinha; esta custou mais 600 dólares, ou seja, somados 4.800 marcos por uma coisa tão pequena e miserável, a uma hora de distância da cidade, num deserto de lama". Sendo assim, os trabalhadores têm de assumir dívidas hipotecárias pesadas para receber só essas moradias e, agora sim, passam a ser escravos dos senhores que os alimentam; eles estão

Friedrich Engels

Como se resolve, então, a questão da moradia? Em nossa sociedade atual, exatamente do mesmo modo como se resolve qualquer outra questão social: mediante o gradativo equilíbrio econômico entre procura e oferta, uma solução que sempre gera de novo seu próprio problema, não sendo, portanto, solução nenhuma. O modo como uma revolução social poderia solucionar essa questão não só depende das circunstâncias do momento, mas também tem a ver com questões muito mais profundas, sendo uma das mais essenciais a supressão do antagonismo entre cidade e campo. Dado que não precisamos criar sistemas utopistas para instaurar a sociedade futura, seria totalmente supérfluo entrar nesse tema. Uma coisa é certa, porém: já existem conjuntos habitacionais suficientes nas metrópoles para remediar de imediato, por meio de sua utilização racional, toda a real *"escassez* de moradia". Naturalmente, isso só poderá ser feito mediante a expropriação dos atuais possuidores, ou então mediante a acomodação, nessas casas, de trabalhadores sem teto ou trabalhadores aglomerados nas moradias atuais; assim que o proletariado tiver conquistado o poder político, essa medida exigida pelo bem-estar público terá sua execução tão facilitada quanto outras expropriações e acomodações feitas pelo Estado atual.

Nosso proudhonista, contudo, não está satisfeito com o que conseguiu até agora na questão da moradia. Ele precisa alçá-la da planície às regiões mais altas do socialismo, para que se consolide também aí como uma "fração essencial da questão social"[22].

Suponhamos agora que a produtividade do capital realmente seja agarrada pelos chifres, como cedo ou tarde deverá acontecer, por exemplo, mediante uma lei de transição que *fixe o juro de todos os capitais em 1%, nota bene,* com a tendência de aproximar também essa porcentagem cada vez mais do marco zero, de modo que, ao

---

amarrados às suas casas, não podem ir embora e têm de aceitar todas as condições de trabalho que lhes são oferecidas. [Nota de Engels à edição de 1887.]

[22] [Arthur Mülberger,] "Die Wohnungsfrage", *Der Volksstaat*, Leipzig, n. 13, 14 de fevereiro de 1872, p. 3.

final, não se pagará nada além do *trabalho necessário à transação do capital*. Como acontece com todos os demais produtos, naturalmente também casa e moradia estão contidos no quadro dessa lei. [...] O proprietário mesmo será o primeiro a estender a mão para a venda, dado que do contrário sua casa não seria utilizada e o capital nela investido simplesmente não serviria de nada.[23]

Essa sentença contém um dos principais artigos de fé do catecismo proudhoniano e fornece um exemplo contundente da confusão nele reinante.

A "produtividade do capital" é uma aberração que Proudhon empresta acriticamente dos economistas burgueses. Os economistas burgueses também começam dizendo que o trabalho é a fonte de toda riqueza e a medida do valor de todas as mercadorias; mas eles também precisam explicar como sucede que o capitalista que adianta capital para um negócio industrial ou de manufatura receba, ao final do negócio, não só o capital adiantado, mas também, e ainda por cima, um lucro. Por isso, eles se enredam forçosamente em todo tipo de contradição e também precisam atribuir certa produtividade ao capital. Não há prova mais clara de que Proudhon ainda está profundamente preso ao modo burguês de pensar do que o fato de apropriar-se desse discurso da produtividade do capital. Vimos logo no início que a assim chamada "produtividade do capital" nada mais é que a qualidade que lhe é inerente (sob as condições sociais de hoje, sem as quais ele não seria capital) de apropriar-se do trabalho não pago de trabalhadores assalariados[24].

---

[23] Idem. O segundo grifo é de Engels.

[24] Engels se refere aqui à incapacidade da economia política burguesa clássica de explicar cientificamente a troca entre capital e trabalho assalariado com base na lei do valor, visto que não conhecia a mercadoria "força de trabalho". Adam Smith tentou dirimir contradições teóricas associadas a isso, erigindo, ao lado de sua correta determinação pelo tempo de trabalho, outras duas determinações. Uma delas diz que salário, lucro e renda fundiária são as fontes de toda receita e do valor de troca. Desse modo, foi atribuída ao capital uma produtividade própria. A economia vulgar posterior retomou essa determinação de valor para fins apologéticos, desenvolvendo-a numa teoria dos fatores de produção, principalmente por meio de Jean-Baptiste Say, segundo a qual o lucro é fruto exclusivo do capital.

Marx tratou diversas vezes da afirmação da "produtividade do capital", sobretudo na exposição do fetichismo do capital. Ao fazer isso, apontou para o fato de que o

Friedrich Engels

Proudhon, no entanto, diferencia-se dos economistas burgueses pelo fato de não só não aprovar essa "produtividade do capital", mas, ao contrário, descobrir nela uma violação da "justiça eterna". É ela que impede o trabalhador de receber o rendimento inteiro de seu trabalho. Portanto, tem de ser abolida. Como? Forçando a *taxa de juros* para baixo por lei, até reduzi-la a zero. Nesse ponto, o capital deixará de ser produtivo, segundo nosso proudhonista.

Os juros do capital *em dinheiro* emprestado são apenas uma parcela do lucro; o lucro, quer se trate do capital industrial, quer se trate do capital comercial, constitui apenas uma parcela do mais-valor que a classe dos capitalistas tira, na forma de trabalho não pago, da classe dos trabalhadores. As leis econômicas que regulam a taxa de juros são tão independentes das leis que regulam a taxa do mais-valor quanto é possível entre leis de uma única e mesma forma social. Contudo, no que concerne à repartição desse mais-valor entre os capitalistas individuais, está claro que, para industriais e comerciantes que possuem muito capital adiantado por outros capitalistas, a taxa de lucro tem de aumentar na mesma proporção em que diminui a taxa de juros – caso todas as demais circunstâncias permaneçam iguais. Portanto, a redução e, por fim, a abolição da taxa de juros realmente não seria de modo algum capaz de "agarrar pelos chifres" a assim chamada "produtividade do capital", mas apenas regulamentaria de maneira diferente a repartição entre os capitalistas individuais do mais-valor não pago que é tirado da classe trabalhadora, não assegurando nenhuma vantagem ao trabalhador em relação ao capitalista industrial, mas tão somente ao capitalista industrial em relação ao rentista.

A partir de seu ponto de vista jurídico, Proudhon explica a taxa de juros, bem como todos os fatos econômicos, não a partir das condições da produção social, mas a partir das leis do Estado que

---

capital é produtivo na medida em que representa uma coerção para o mais-trabalho e desenvolve as forças produtivas da sociedade. (Ver, por exemplo, Karl Marx, *Zur Kritik der Politischen Ökonomie* [Manuskript 1861-1863], em MEGA-2 II/3.6, p. 2.160--84.) Proudhon não reconheceu essa função histórica em razão de sua posição pequeno-burguesa. Mais adiante, Engels apontou para as exposições de Proudhon sobre a "produtividade do capital" na obra *Idée générale de la révolution au XIXᵉ siècle* [ver p. 135 deste volume].

Sobre a questão da moradia

conferem a essas condições uma expressão universal. De seu ponto de vista, ao qual escapa toda e qualquer noção da conexão entre as leis do Estado e as condições de produção da sociedade, essas leis do Estado aparecem necessariamente como ordens puramente arbitrárias, que a qualquer momento podem também ser substituídas por ordens diametralmente opostas. Portanto, para Proudhon, nada mais fácil do que promulgar um decreto – desde que tenha poder para isso – reduzindo a taxa de juros a 1%. E, permanecendo como estavam todas as demais circunstâncias sociais, esse decreto proudhoniano existirá apenas no papel. A taxa de juros continuará a se regular pelas leis econômicas às quais hoje está sujeita, não obstante todos os decretos; dependendo das circunstâncias, pessoas com crédito na praça tomarão dinheiro a 2%, 3%, 4% e mais, exatamente como faziam antes, e a única diferença será que os rentistas terão a cautela de só emprestar dinheiro para pessoas que não possam processá-los. Na verdade, esse grande plano de tirar a "produtividade" do capital é antiquíssimo, tão antigo quanto as leis da usura, que não têm outra finalidade senão restringir a taxa de juros, e que agora foram revogadas em toda parte porque, na práxis, sempre foram violadas ou burladas e o Estado teve de admitir sua impotência diante das leis da produção social. E, agora, pretende-se que a reintrodução dessas leis medievais e inexequíveis venha a "agarrar pelos chifres a produtividade do capital"? Vê-se que, quanto mais detidamente se analisa o proudhonismo, mais reacionário ele se mostra.

E quando, por essa via, a taxa de juros tiver sido reduzida a zero e, portanto, o juro do capital tiver sido abolido, "nada se pagará além do trabalho necessário à transação do capital". Isso quer dizer que a abolição da taxa de juros equivalerá à abolição do lucro e até do mais-valor. Mas, se abolir o juro por decreto *realmente* fosse possível, qual seria a consequência? A consequência seria que a classe dos *rentistas* não teria mais nenhuma motivação para emprestar capital na forma de adiantamentos e o aplicaria por conta própria na indústria, seja pessoalmente, seja em sociedades por ações. A massa do mais-valor tirado da classe trabalhadora pela classe dos capitalistas permaneceria a mesma, modificando-se apenas a repartição, e isso nem mesmo de modo significativo.

Friedrich Engels

Nosso proudhonista de fato não se dá conta de que já agora, na venda de mercadorias da sociedade burguesa, em média nada mais se paga "além do trabalho necessário à transação do capital" (quer dizer, à produção de determinada mercadoria). O trabalho é a medida do valor de todas as mercadorias e, na sociedade atual, é simplesmente impossível – abstraindo-se as oscilações do mercado – que na média {D4 acrescenta: "geral"} seja pago pelas mercadorias mais do que o trabalho necessário para sua confecção. Não, meu caro proudhonista, o nó da questão reside em outro lugar: ele reside em que o "trabalho necessário à transação do capital" (para utilizar seu modo confuso de se expressar) de fato *não é pago integralmente*! Você pode ler em Marx (*Das Kapital*, v. I, cit., p. 128-60)* como isso sucede.

Mas não é só isso. Quando o juro do capital tiver sido abolido, terá sido abolido também o juro do aluguel. Porque, "como acontece com todos os demais produtos, naturalmente também casa e moradia estão contidas no quadro dessa lei". Isso está bem de acordo com o espírito do velho major que manda chamar um soldado voluntário e lhe diz: "Ouvi dizer que o senhor é doutor – pois dê uma passada na minha casa de tempos em tempos; quando se tem mulher e sete filhos, sempre há alguma coisa para remendar".

Soldado voluntário: "Desculpe-me, senhor major, mas sou doutor em filosofia!".

Major: "Para mim tanto faz, caixa de curativos é caixa de curativos".

É exatamente assim que nosso proudhonista vê as coisas: juro do aluguel ou juro do capital, tanto faz para ele, juro é juro, caixa de curativos é caixa de curativos. – Já vimos que o preço do aluguel, vulgo juro do aluguel, é composto: 1) de uma parcela de renda fundiária; 2) de uma parcela – não de juro, mas – de lucro sobre o capital investido na construção {D4 reformula esse ponto da seguinte maneira: "de uma parcela de juro sobre o capital investido na construção, incluindo o lucro para o empresário da construção"}; 3) de uma parcela de custos de conserto, manutenção e seguro. Uma parcela de juro do capital só estará contida nele se a casa tiver dívidas

---

* Ver MEGA-2 II/5, p. 118-44 [ed. bras.: *O capital*, Livro I, cit., p. 223-75]. (N. T.)

Sobre a questão da moradia

hipotecárias*). {D4 reformula o ponto 3 da seguinte forma: "3) de uma parcela de custos de conserto e seguro; 4) de uma parcela que amortiza o capital investido na construção, incluindo o lucro, em prestações anuais, na proporção em que a casa gradativamente se deteriora". D4 exclui a nota de rodapé.}

E agora, até para o mais cego, deve ter ficado claro que: "O próprio proprietário será o primeiro a estender a mão para a venda, dado que do contrário sua casa não seria utilizada e o capital nela investido simplesmente não serviria de nada". Naturalmente. Quando se abole o juro do capital adiantado, nenhum proprietário de imóvel pode receber um centavo que seja de aluguel por sua casa, apenas porque, em vez de aluguel, pode-se dizer também *juro* do aluguel {D4 acrescenta: "e porque o juro do aluguel inclui uma parcela que consiste de juro real do capital"}. Caixa de curativos é caixa de curativos. {D4 acrescenta: "Ao passo que somente por meio de burla se conseguiu tirar o efeito das leis da usura referentes ao juro habitual do capital, elas nunca chegaram a tocar nem remotamente a composição do aluguel de casas. Ficou reservada a Proudhon a pretensão de que sua nova lei da usura regularia e gradativamente aboliria sem mais nem menos não só o juro simples do capital, mas também o juro complexo do aluguel de moradias"}. Ficamos tateando no escuro à respeito da razão pela qual ainda se deveria comprar por um bom dinheiro uma casa "simplesmente inútil" e por que, nessas circunstâncias, seu dono não investe um pouco mais para se livrar dessa casa "simplesmente inútil" e não ter de continuar a arcar com os custos dos consertos.

Depois dessa façanha triunfante no campo do socialismo superior (o mestre Proudhon chamava isso de suprassocialismo[25]), nosso

---

*) 	*Para o capitalista* que compra uma casa pronta, a parcela do preço do aluguel que não consiste de rendas fundiárias e custos pode *aparecer* na forma de juro de capital. Contudo, isso não muda nada na questão, pois para ela é indiferente se o próprio construtor de uma casa de aluguel a aluga ou se a vende a outro capitalista para esse fim. [Nota de Engels à edição de 1872-1873.]

25 	Proudhon conferiu o atributo "suprassocial" a um gênio social, a uma razão universal, que, segundo sua concepção, determinavam o curso do desenvolvimento da sociedade humana (ver Pierre-Joseph Proudhon, *Système des contradictions économiques, ou Philosophie de la misère*, Paris, Guillaumin et Cie., 1846, t. I, p. iii [ed.

Friedrich Engels

Proudhon {D4 substitui "Proudhon" por "proudhonista"} se acha no direito de alçar voos ainda mais altos. "O que precisamos fazer ainda é apenas tirar algumas conclusões para iluminar plenamente esse assunto tão importante para nós."[26] E quais são essas conclusões? Coisas que se deduzem tão pouco do que foi dito antes quanto a falta de valor das residências decorre da abolição da taxa de juros e que, despidas do fraseado pomposo e solene de nosso autor, não significam nada mais do que, para uma melhor tramitação do negócio de venda da moradia de aluguel, é desejável ter: 1) uma estatística exata da matéria; 2) uma boa polícia sanitária; 3) cooperativas de trabalhadores da construção civil que possam assumir a construção de casas novas – coisas certamente muito boas e muito bonitas, mas que, apesar de embaladas em fraseados de pregoeiro, de modo algum são capazes de "iluminar plenamente" a escuridão em que se encontra a barafunda das ideias proudhonianas.

Quem realizou tal portento também conquistou o direito de dirigir uma séria advertência aos trabalhadores alemães:

> Tais e semelhantes questões, a nosso ver, merecem a atenção da democracia social. [...] Que ela procure obter clareza, a exemplo do que fizemos aqui com a questão da moradia, a respeito de outras questões igualmente importantes, como *crédito, dívidas públicas, dívidas privadas, impostos* etc.[27]

Aqui, portanto, nosso proudhonista nos deixa na expectativa de toda uma série de artigos sobre "semelhantes questões", e, se ele as responder {D4 substitui "responder" por "tratar"} tão extensamente quanto tratou a presente "matéria de tão grande importância"[28], o jornal *Der Volksstaat* terá manuscritos suficientes para um ano inteiro. Nós, entretanto, podemos nos antecipar – tudo desembocará no que

---

bras.: *Sistema das contradições econômicas ou Filosofia da miséria*, São Paulo, Escala, 2007, t. I, p. 15]). Marx ridicularizou esse conceito num comentário prévio a *Misère de la philosophie* (Paris, A. Franck, 1847), p. 1 [ed. bras.: *Miséria da filosofia*, cit., p. 22].

[26] [Arthur Mülberger,] "Die Wohnungsfrage", *Der Volksstaat*, Leipzig, n. 13, 14 de fevereiro de 1872, p. 3.

[27] Idem. Grifo de Engels.

[28] Idem.

já foi dito: o juro do capital será abolido e, em consequência, deixará de existir o juro a ser pago pelas dívidas públicas e pelas dívidas privadas, o crédito ficará isento de custo etc. A mesma palavra mágica será aplicada a todo e qualquer objeto e, em cada caso, obteremos o seguinte resultado notável, de lógica implacável: quando o juro do capital tiver sido abolido, não será mais preciso pagar juros pelo dinheiro tomado a título de empréstimo.

Aliás, que belas questões são essas com que nosso proudhonista nos ameaça: *crédito*! De que crédito necessita o trabalhador, além daquele que recebe de semana em semana ou do crédito que lhe oferece a casa de penhores? Se este lhe é concedido sem custos ou em troca de juros, esses mesmos juros de usura da casa de penhores, que diferença isso faz para ele? E se ele, em termos gerais, conseguisse uma vantagem com isso e, portanto, os custos de produção da força de trabalho se tornassem mais baratos, isso não levaria necessariamente a uma queda do preço da força de trabalho? – Mas para o burguês e especialmente para o pequeno-burguês – para eles a questão do crédito se reveste de grande importância, e para o pequeno-burguês em especial seria muito bom poder obter crédito a qualquer momento e, ainda por cima, sem ter de pagar juros. – "Dívidas públicas"! A classe dos trabalhadores sabe que não as contraiu e, quando assumir o poder, deixará seu pagamento a cargo de quem as contraiu. – "Dívidas particulares"! – ver crédito. – "Impostos"! Coisas que interessam muito à burguesia, mas pouco aos trabalhadores: o que o trabalhador paga de impostos é incorporado com o tempo aos custos de produção da força de trabalho, devendo, portanto, ser compensado pelo capitalista. Todos esses pontos que aqui nos são apresentados como de grande importância para a classe trabalhadora são, na realidade, de interesse essencial apenas para o burguês, e mais ainda para o pequeno-burguês, e afirmamos, apesar de Proudhon, que a classe trabalhadora não tem vocação para defender os interesses dessas classes.

Nosso proudhonista não diz uma palavra sequer sobre as grandes questões que realmente dizem respeito aos trabalhadores, a saber: a relação entre capitalista e trabalhador assalariado e como sucede que o capitalista consegue enriquecer a partir do trabalho de seus

Friedrich Engels

trabalhadores. Seu mestre e senhor, todavia, ocupou-se com isso, mas não trouxe nenhuma clareza à questão e, em seus últimos escritos, não conseguiu ir além da *Philosophie de la misère* [*Filosofia da miséria*], reduzida de modo contundente à nulidade por Marx já em 1847.

Já é suficientemente ruim que há 25 anos os trabalhadores de fala românica não tenham quase nenhum outro alimento espiritual além dos escritos desse "socialista do segundo cesarismo"; seria uma desgraça dupla se a teoria proudhonista agora inundasse também a Alemanha. Contudo, já foram tomadas medidas contra isso. A posição teórica dos trabalhadores alemães está cinquenta anos à frente da posição proudhonista e será suficiente fazer *dessa* questão da moradia um exemplo, para prevenir esforços ulteriores nesse tocante.

[II]

Como a burguesia resolve a questão da moradia

I

No artigo {D4 substitui "No artigo" por "Na seção"} que tratou da solução *proudhonista* para a questão da moradia demonstrou-se quanto a pequena burguesia está diretamente interessada nesse problema. Mas também a grande burguesia tem nele um interesse muito significativo, ainda que indireto. A ciência natural moderna provou que o assim chamado "bairro malsão", no qual estão confinados os trabalhadores, é o foco de onde se propagam todas as enfermidades contagiosas que de tempos em tempos se abatem sobre nossas cidades. Cólera, tifo e febre tifoide, varíola e outras doenças devastadoras disseminam seus germes no ar empestado e na água contaminada desses bairros de trabalhadores; elas praticamente nunca são erradicadas desses lugares e, sempre que as circunstâncias são favoráveis, evoluem para enfermidades de caráter epidêmico, ocasiões em que ultrapassam os limites de seus focos e penetram nos bairros mais ventilados e saudáveis em que residem os senhores capitalistas. A dominação capitalista não tem como permitir-se a diversão de gerar doenças epidêmicas entre a classe trabalhadora sem sofrer as consequências; estas recaem sobre aquela e o anjo da morte se esbalda entre os capitalistas com a mesma falta de escrúpulos com que o faz entre os trabalhadores.

Uma vez constatado cientificamente esse fato, os burgueses filantrópicos se inflamaram de nobre rivalidade em prol da saúde de seus trabalhadores. Sociedades foram fundadas, livros escritos, propostas

Friedrich Engels

esboçadas, leis debatidas e decretadas, visando secar as fontes das epidemias sempre recorrentes. As condições de habitação dos trabalhadores foram examinadas e houve tentativas de corrigir as anomalias mais gritantes. Principalmente na Inglaterra, onde se localizava a maioria das grandes cidades e, por conseguinte, o sapato apertava mais os grandes burgueses, houve uma atividade considerável; comissões governamentais foram nomeadas para examinar as condições sanitárias da classe trabalhadora; os relatórios, que se distinguiam honrosamente de todas as fontes documentais do continente por sua exatidão, completude e imparcialidade, forneceram as bases para novas leis que permitiram uma intervenção mais ou menos incisiva. Por mais imperfeitas que sejam essas leis, elas ultrapassam infinitamente tudo o que foi feito até agora no continente nesse sentido. E, não obstante, é a ordem social capitalista que gera reiteradamente as más condições que pretende sanar, e faz isso com tal necessidade que nem mesmo na Inglaterra a cura logrou avançar um passo que seja.

A Alemanha, como de costume, precisou de muito mais tempo até que os focos epidêmicos, que também ali eram crônicos, evoluíssem e se tornassem agudos a ponto de despertar a sonolenta grande burguesia. Entretanto, quem anda devagar anda com segurança, e assim surgiu também entre nós uma bibliografia burguesa sobre a saúde pública e a questão da moradia, um excerto aguado dos precursores estrangeiros, principalmente dos ingleses, ao qual se dá a aparência enganosa de uma concepção superior por meio de fraseados altissonantes e solenes. Dessa bibliografia faz parte *"Dr. Emil Sax, die Wohnungszustände der arbeitenden Klassen und ihre Reform"* [Dr. Emil Sax, as condições de moradia das classes trabalhadoras e sua reforma], Viena, 1869.

A única razão pela qual recorro a esse livro para expor o modo como o burguês trata da questão da moradia é que ele tenta sintetizar tanto quanto possível a bibliografia burguesa sobre a matéria. E que bela bibliografia é essa que serve de "fonte" a nosso autor! Dos relatórios parlamentares ingleses, que constituem as reais fontes primárias, são citados nominalmente apenas três dos mais

Sobre a questão da moradia

antigos[1]; o livro inteiro comprova que o autor *jamais pôs os olhos em nenhum deles*; em contraposição, ele nos apresenta toda uma série de escritos burgueses eivados de lugares-comuns, no estilo filisteu cheio de boas intenções e hipocritamente filantrópico: Ducpétiaux[2], Roberts[3], Hole[4], Huber[5], as deliberações dos congressos de ciência social (ou

---

[1] Sax menciona os relatórios parlamentares sobre as condições de moradia da população trabalhadora da Grã-Bretanha nos anos 1837, 1839 e 1842. Este último é o *Report to Her Majesty's Principal Secretary of State for the Home Department, from the Poor Law Commissioners, on an Inquiry into the Sanitary Condition of the Labouring Population of Great Britain*, Londres, 1842. Os relatórios de 1837 e 1839 não puderam ser encontrados. (Ver Emil Sax, *Die Wohnungszustände der arbeitenden Klassen und ihre Reform*, Viena, A. Pichler, 1869, p. 29 e 32.)

[2] Ver Édouard Ducpétiaux, "De l'amélioration des habitations de la classe ouvrière en Angleterre", em Congrès d'hygiène publique, *Congrès général d'hygiène de Bruxelles: session de 1852* (Bruxelas, G. Stapleaux, 1852), p. 345-65. (Ver Emil Sax, *Die Wohnungszustände*, cit., p. 141.) – Édouard Ducpétiaux, *Projet d'Association Financière pour l'amélioration des habitations et l'assainissement des quartiers habités par la classe ouvrière à Bruxelles* (Bruxelas, Méline, Cans et Cie., 1846. (Ver Emil Sax, *Die Wohnungszustände*, cit., p. 17 e 30.)

[3] Sax se baseia nos seguintes escritos de Henry Roberts, *The Essentials of a Healthy Dwelling, and the Extension of Its Benefits to the Labouring Population* (Londres, [s. n.], 1862). (Ver Emil Sax, *Die Wohnungszustände*, cit., p. 32.) – *The Physical Condition of the Labouring Classes, Resulting from the State of their Dwellings, and the Beneficial Effects of Sanitary Improvements Recently Adopted in England* (Londres, The Society for Improving the Condition of the Labouring Classes, 1855). (Ver Emil Sax, *Die Wohnungszustände*, cit., p. 37 e 43.) – *Home Reform: or, What the Working Classes may do to Improve their Dwellings* (Londres, The Society for Improving the Condition of the Labouring Classes, 1852). (Ver Emil Sax, *Die Wohnungszustände*, cit., p. 42.) – *The Dwellings of the Labouring Classes, Their Arrangement and Construction* (Londres, The Society for Improving the Condition of the Labouring Classes, 1850). (Ver Emil Sax, *Die Wohnungszustände*, cit., p. 69.) – "The Measures Adopted in England for Promoting Improvement in the Dwellings of the Labouring Classes", em *Congrès International de Bienfaisance de Londres: session de 1862* (Londres, Bruxelas, Gand, Leipzig, Paris, A. Le Clère, 1863), t. II, p. 197-204. (Ver Emil Sax, *Die Wohnungszustände*, cit., p. 140.) – "The Dwellings of the Labouring Classes, their Improvement Through the Operation of Government Measures, by those of Public Bodies and Benevolent Associations, as well as by Individual Efforts", em George W. Hastings (org.), *Transactions of the National Association for the Promotion of Social Science 1858* (Londres, John W. Parker and Son, 1859), p. 583-620. (Ver Emil Sax, *Die Wohnungszustände*, cit., p. 140.) – "On the Progress and Present Aspect of the Movement for Improving the Dwellings of the Labouring Classes", em George W. Hastings (org.), *Transactions of the National Association for the Promotion of Social Science 1860* (Londres, John W. Parker, Son and Bourne, 1861), p. 766-79. (Ver Emil Sax, *Die Wohnungszustände*, cit., p. 140-1.)

[4] Ver James Hole, *The Homes of the Working Classes with Suggestions for their Improvement* (Londres, Longmans, Green and Co., 1866). (Ver Emil Sax, *Die Wohnungszustände*, cit., p. 30, 35, 102, 175 e 176.)

[5] Sax cita os seguintes escritos de Victor Aimé Huber: "Ueber innere Colonisation", *Janus*, Berlim, n. 7, 1846, p. 193-222; n. 8, 1846, p. 225-55. (Ver Emil Sax, *Die Wohnun-*

Friedrich Engels

melhor, dos congressos da baboseira) na Inglaterra[6], a *Revista da Sociedade para o Bem-Estar da Classe Trabalhadora da Prússia*[7], o relatório austríaco oficial sobre a Exposição Universal [de Arte e Indústria] de Paris[8], os relatórios bonapartistas oficiais sobre essa mesma exposição[9], o *Jornal Ilustrado de Londres*[10], [o magazine ilustrado] *Über Land und Meer* [Por Terra e por Mar][11] e, por fim, "uma autoridade reconhecida", um homem dotado de "percepção prática e perspicácia",

---

gszustände, cit., p. 16-7 e 95-6.) – "Die Wohnungsfrage", *Concordia*, Leipzig, n. 2, 1861, p. 3-35; n. 3, 1861, p. 3-48. (Ver Emil Sax, *Die Wohnungszustände*, cit., p. 38, 55 e 88.) – *Die Wohnungsnoth der kleinen Leute in großen Städten* (Leipzig, G. H. Friedlein, 1857). (Ver Emil Sax, *Die Wohnungszustände*, cit., p. 43.) – *Genossenschaftliche Briefe aus Belgien, Frankreich und England* (Hamburgo, Jahre, 1855), v. 1.2. (Ver Emil Sax, *Die Wohnungszustände*, cit., p. 50, 85,118 e 173.) – "Die Wohnungsfrage in Frankreich und England", *Zeitschrift des Central-Vereins in Preussen für das Wohl der arbeitenden Klassen*, Leipzig, v. 2, n. 1, 1859, p. 3-37. (Ver Emil Sax, *Die Wohnungszustände*, cit., p. 51.) – "Ueber die geeignetsten Maßregeln zur Abhülfe der Wohnungsnoth", em K. Krämer (org.), *Die Wohnungsfrage mit besonderer Rücksicht auf die arbeitenden Klassen* (Berlim, Otto Janke, 1865), p. 1-30. (Ver Emil Sax, *Die Wohnungszustände*, cit., p. 73 e 194.) – *Sociale Fragen. IV. Die latente Association* (Nordhausen, Förstemann's, 1866). (Ver Emil Sax, *Die Wohnungszustände*, cit., p. 99 e 111.)

[6] Sax usa em seu texto as *Transactions of the National Association for the Promotion of Social Science* de 1858, 1860, 1862 e 1864, publicadas em Londres em 1859, 1861,1863 e 1865. (Ver Emil Sax, *Die Wohnungszustände*, cit., p. 33, 36, 140-1 e 176.)

[7] Sax cita em seu escrito os seguintes artigos dessa revista: Victor Aimé Huber, "Die Wohnungsfrage in Frankreich und England", cit. (Ver Emil Sax, *Die Wohnungszustände*, cit., p. 51 e 88.) – "Ueber die Verbesserung der Wohnungen der arbeitenden Klassen in England von Ducpétiaux zu Brüssel, nach den, durch Herrn Roberts mitgetheilten Nachrichten", *Zeitschrift des Central-Vereins in Preussen für das Wohl der arbeitenden Klassen*, Leipzig, v. 1, n. 2, 1858, p. 150-68. (Ver Emil Sax, *Die Wohnungszustände*, cit., p. 141.)

[8] Ver *Bericht über die Welt-Ausstellung zu Paris im Jahre 1867*, editado pelo Real-Imperial Comitê Central Austríaco, Viena, 1869. (Ver Emil Sax, *Die Wohnungszustände*, cit., p. 43, 50, 102, 117, 120, 121, 148, 152 e 188.)

[9] Ver *L'enquête du dixième groupe* (Paris, E. Dentu, 1867). (Ver Emil Sax, *Die Wohnungszustände*, cit., p. 115.)

[10] Sax remete ao artigo de Edwin Chadwick, "Report on Dwellings Characterised by Cheapness Combined with the Conditions Necessary for Health and Comfort", *The Illustrated London News*, Londres, v. 51, n. 1.434-5, 6 de julho de 1867, p. 22-3 e 25-8. (Ver Emil Sax, *Die Wohnungszustände*, cit., p. 84.)

[11] Sax cita Ludwig Walesrode, "Eine Arbeiter-Heimstätte in Schwaben", *Über Land und Meer. Allgemeine Illustrirte Zeitung*, Stuttgart, ano 10, v. 2, n. 35, 1868, p. 555-6; n. 36, p. 574-5; n. 44, p. 707-9; n. 45, p. 716-8. (Ver Emil Sax, *Die Wohnungszustände*, cit., p. 120.)

Sobre a questão da moradia

dono de um "discurso incisivo e convincente"[12], a saber, *Julius Faucher*[13]! Nessa lista bibliográfica, falta apenas a revista ilustrada *Die Gartenlaube* [O Caramanchão], o semanário satírico *Der Kladderadatsch* [O Estardalhaço] e o poeta patriótico alemão Füsilier Kutschke[14].

Para não dar margem a nenhum mal-entendido sobre seu ponto de vista, o senhor Sax explica na página 22:

> Designamos como economia social a teoria da aplicação da economia nacional às questões sociais ou, em termos mais exatos, a quintessência dos meios e das vias que nos oferece essa ciência *para, com base em suas leis "brônzeas" e no quadro da ordem social atualmente vigente, alçar as assim chamadas [!] classes despossuídas ao nível das classes possuidoras.*[15]

Não abordaremos a concepção confusa de que a "teoria da economia nacional" ou economia política possa de alguma forma se ocupar com outras questões que não sejam as "sociais". Vamos direto ao ponto principal. O Dr. Sax exige que as "leis brônzeas" da economia burguesa, o "quadro da ordem social atualmente vigente" ou, em outras palavras, o modo de produção capitalista mantenha-se inalterado e, não obstante, as "assim chamadas classes despossuídas" sejam alçadas "ao nível das classes possuidoras". Ora, acontece que um pressuposto inevitável do modo de produção capitalista é que exista uma classe despossuída, não assim chamada, mas realmente despossuída, que não tenha nada para vender além de sua

---

[12]   Emil Sax, *Die Wohnungszustände*, cit., p. 191, 16 e 7.

[13]   Ver Julius Faucher, "Die Bewegung für Wohnungsreform", *Vierteljahrschrift für Volkswirtschaft und Kulturgeschichte*, Berlim, v. 3, n. 4, 1865, p. 127-99; v. 4, n. 3, 1866, p. 86-151. (Ver Emil Sax, *Die Wohnungszustände*, cit., p. 7.) – Além disso, Sax se reporta ao discurso de Faucher no IX Congresso dos Economistas Alemães, que foi reproduzido no "Berich über die Verhandlungen des neunten Kingresses deutscher Volkswirthe zu Hamburg am 26., 27., 28. und 29. August 1867" ["Relatório sobre as tratativas do IX Congresso dos Economistas Alemães em Hamburgo nos dias 26, 27, 28 e 29 de agosto de 1867"], na *Vierteljahrschrift...*, Berlim, v. 5, n. 3, 1867, p. 122-8. (Ver Emil Sax, *Die Wohnungszustände*, cit., p. 191.)

[14]   Autor fictício de uma canção de soldados [*Kutschkelied*] que surgiu durante a Guerra Franco-Alemã de 1870-1871.

[15]   Grifos de Engels.

Friedrich Engels

força de trabalho e, por conseguinte, seja obrigada a vender essa força de trabalho para os capitalistas industriais. A tarefa da nova ciência da economia social, inventada pelo senhor Sax, consiste, portanto, no seguinte: encontrar os meios e as vias para, no interior de uma determinada condição social, fundada na oposição entre capitalistas, detentores de todas as matérias-primas e de todos os instrumentos de produção e alimentos, de um lado, e, de outro, trabalhadores assalariados sem posses, que nada podem chamar de seu além de sua força de trabalho, descobrir como, no interior dessa condição social, todos os trabalhadores assalariados podem ser transformados em capitalistas sem deixar de ser trabalhadores assalariados. O senhor Sax acha que resolveu essa questão. Que ele tenha a bondade de nos mostrar como se podem transformar todos os soldados do Exército francês, que desde os tempos do velho Napoleão carregam na mochila seu próprio bastão de marechal[16], em marechais de campo sem que deixem de ser soldados rasos. Ou como se podem converter 40 milhões de súditos do *Reich* alemão em imperadores alemães.

É da essência do socialismo burguês o desejo de eliminar todos os males da atual sociedade, mantendo simultaneamente seus fundamentos. Os socialistas burgueses querem, como já diz o *Manifesto Comunista*, "remediar os males sociais para assegurar a existência da sociedade burguesa", eles querem "*a burguesia sem o proletariado*"[17]. Vimos que o senhor Sax também formula o problema exatamente nesses termos. A solução para isso ele encontra na solução para a questão da moradia; seu parecer é que, "mediante o melhoramento das moradias das classes trabalhadoras, seria possível remediar com êxito a miséria física e espiritual descrita e, por essa via – *unicamente* por meio do melhoramento abrangente das condições das moradias –, a maior parte dessas classes poderia ser tirada do lodaçal de uma existência muitas vezes humanamente indigna e alçada às alturas asseadas do bem-estar material e espiritual" (p. 14). Diga-se de

---

[16] Dito atribuído a Napoleão I, mas que supostamente remonta a Luís XVIII.

[17] Edição supostamente utilizada: [Karl Marx e Friedrich Engels,] *Das Kommunistische Manifest* (nova ed. com prefácio dos autores, Leipzig, 1872), p. 24 [ed. bras.: *Manifesto Comunista*, trad. Álvaro Pina e Ivana Jinkings, São Paulo, Boitempo, 2010, p. 65]. Grifo de Engels.

Sobre a questão da moradia

passagem que é do interesse da burguesia escamotear a existência de um proletariado que é criado pelas relações de produção burguesas e condiciona sua continuidade. É por isso que o senhor Sax nos informa, na página 21, que por classes trabalhadoras deve-se entender todas as "classes sociais desprovidas de recursos", "gente miúda em geral, na condição de artesãos, viúvas, aposentados [!], funcionários públicos subalternos etc.", ao lado dos trabalhadores propriamente ditos. O socialismo burguês anda de mãos dadas com o socialismo pequeno-burguês.

Ora, de onde vem a escassez de moradia? Como surgiu? Como bom burguês, o senhor Sax não pode saber que ela é um produto necessário da forma burguesa da sociedade; que sem escassez de moradia não há como subsistir uma sociedade na qual a grande massa trabalhadora depende exclusivamente do salário e, portanto, da soma de mantimentos necessária para garantir sua existência e reprodução; na qual melhoramentos contínuos da maquinaria etc. deixam massas de trabalhadores; na qual violentas oscilações industriais recorrentes condicionam a existência de um numeroso exército de reserva de trabalhadores desocupados, por um lado, e, por outro, jogam temporariamente na rua uma grande massa de trabalhadores; na qual grandes massas de trabalhadores são concentradas nas metrópoles, e isso mais rapidamente do que, nas condições vigentes, surgem moradias para eles; na qual, portanto, encontram-se necessariamente locatários até para os chiqueiros mais infames; na qual, por fim, o dono da casa, na qualidade de capitalista, tem não só o direito, mas também de certo modo, em virtude da concorrência, o dever de obter por sua casa, sem nenhum escrúpulo, os aluguéis mais altos possíveis. Numa sociedade desse tipo, a escassez de moradia não é um acaso; é uma instituição necessária, que só pode ser eliminada, com repercussões sobre a saúde etc., quando a ordem social da qual ela se origina for revolucionada desde a base. Mas o socialismo burguês não pode saber disso. Não lhe é *permitido* explicar a escassez de moradia a partir das condições vigentes. Não lhe resta outro recurso, portanto, a não ser explicá-la com fraseados morais a partir da maldade humana, a partir do pecado original, por assim dizer.

Friedrich Engels

E, nesse caso, não há como desconhecer – logo, não se pode negar [que conclusão ousada!] – que a culpa [...] é, em parte, *dos próprios trabalhadores*, dos que desejam as moradias, mas, na maior parte, daqueles que assumem ou, embora disponham dos meios requeridos, não assumem a satisfação dessa necessidade, *das classes sociais mais altas, possuidoras*. A parcela de culpa destas últimas [...] consiste em não se dispor a prover uma oferta suficiente de boas moradias.[18]

Como Proudhon nos desloca da economia para o campo jurídico, nosso socialista burguês nos transpõe aqui da economia para a moral. Nada mais natural. A quem declara como intocáveis o modo de produção capitalista e as "leis brônzeas" da atual sociedade burguesa e, ainda assim, quer eliminar suas consequências desagradáveis, mas necessárias, só resta pregar sermões morais aos capitalistas, sermões morais cujo efeito emocional é imediatamente dissipado pelo interesse privado e, caso necessário, pela concorrência. Esses sermões morais são exatamente iguais aos da galinha à margem do lago onde nadam alegremente os patinhos chocados por ela. Os patinhos entram na água mesmo sem ter ponto de apoio e os capitalistas se lançam sobre o lucro mesmo que este se mostre indisposto. "Quando se trata de dinheiro, acaba a boa disposição"[19], já dizia o velho Hansemann, que entendia mais dessas coisas do que o senhor Sax.

O preço das boas moradias é tão alto que para a grande maioria dos trabalhadores é *absolutamente impossível* fazer uso delas. O grande capital [...] tem receio de investir em moradias para as classes trabalhadoras. [...] Assim, essas classes, com suas carências de moradia, caem em sua grande maioria nas mãos da especulação.[20]

---

[18] Emil Sax, *Die Wohnungszustände*, cit., p. 25. Grifos de Engels.

[19] Do discurso de David Hansemann na XXXIV Sessão do Parlamento Unificado, em 8 de junho de 1847. Ver *Preußens Erster Reichstag. Eine Zusammenstellung der ständischen Gesetze, der Mitglieder und der Verhandlungen des ersten vereinigten Landtags, nebst einem geschichtlichen Umriß seiner Verhältnisse* (ed. August Theodor Woeniger, Berlim, 1847), parte 7, p. 55; no discurso de Hansemann, a frase completa tem o seguinte teor: "Quando se trata de dinheiro, acaba a comodidade e precisamos deixar que o intelecto nos guie".

[20] Emil Sax, *Die Wohnungszustände*, cit., p. 27. Grifo de Engels.

Sobre a questão da moradia

Essa especulação repulsiva – é claro que o grande capital nunca especula! Mas não se trata de má vontade, é pura ignorância o que impede o grande capital de especular com casas para trabalhadores:

> Os donos de casas nem *sabem* que grande e importante papel tem a satisfação normal da necessidade de moradia [...]; eles *não sabem a que estão submetendo as pessoas* quando lhes oferecem, como em regra ocorre, moradias tão irresponsavelmente ruins e malsãs, e, por fim, eles não *sabem* quanto estão prejudicando a si próprios com isso. (p. 27)

Porém, a ignorância dos capitalistas precisa da ignorância dos trabalhadores para, aliada a esta, produzir a escassez de moradia. Depois de admitir que as "camadas mais baixas" dos trabalhadores, "para não ficarem totalmente sem teto, se veem forçadas [!] a procurar não importa onde qualquer abrigo para passar a noite e, nesse tocante, encontram-se totalmente impotentes", o senhor Sax nos conta isto:

> Pois é fato bem conhecido de longa data que muitos deles [os trabalhadores][21] por leviandade, mas preponderantemente por ignorância, privam, quase que se poderia dizer com virtuosismo, seu corpo das condições do desenvolvimento propriamente natural e da existência saudável, por *não terem a menor noção* de um cuidado racional da saúde, especialmente da enorme importância da moradia para este. (p. 27)[22]

Eis que aparece a orelha de asno burguesa. Se, no caso do capitalista, a "culpa" se dissipou na ignorância, no caso dos trabalhadores a ignorância é tão somente ocasião para a culpa. Ouçamos:

> E assim sucede [em virtude da ignorância][23] que, apenas para poupar um pouco no aluguel, mudam-se para moradias escuras, úmidas, insuficientes, em suma, que zombam de todas as exigências

---

[21] Acréscimo de Engels.

[22] Grifos de Engels.

[23] Acréscimo de Engels.

Friedrich Engels

higiênicas [...], de modo que muitas vezes várias famílias alugam juntas uma única moradia e até um único cômodo – tudo para gastar o mínimo possível com moradia, ao passo que, concomitantemente, *desperdiçam seus ganhos de maneira realmente pecaminosa com bebedeiras e todo tipo de diversões vãs.*[24]

O dinheiro que os trabalhadores "esbanjam com aguardente e tabaco" (p. 28), a "vida nos bares com todas as suas consequências deploráveis, que, como chumbo, volta sempre a afundar a classe trabalhadora no lodo"[25], de fato pesa no estômago do senhor Sax como chumbo. O senhor Sax só não pode saber que, nas condições vigentes, o alcoolismo entre os trabalhadores é um produto necessário de sua situação de vida, tão necessário quanto o tifo, o crime, os insetos, os oficiais de justiça e outras enfermidades sociais, tão necessário que é possível estimar previamente a quantidade média dos que incorrem no alcoolismo. Aliás, como já dizia meu velho professor do fundamental, "O povão vai ao boteco e os distintos frequentam o clube", e como estive em ambos posso atestar que isso está correto.

Todo o falatório a respeito da "ignorância" das duas partes desembocará nos desgastados discursos da harmonia dos interesses do capital e do trabalho. Se os capitalistas soubessem qual é seu verdadeiro interesse, forneceriam boas moradias aos trabalhadores e de modo geral lhes proporcionariam melhores condições; e, se os trabalhadores compreendessem seu verdadeiro interesse, não fariam greve, não fomentariam a social-democracia, não fariam política, mas seguiriam à risca o que lhes dizem seus superiores, os capitalistas. Infelizmente, as duas partes veem seus interesses em lugares bem diferentes daqueles dos sermões do senhor Sax e de seus inúmeros predecessores. Ora, o evangelho da harmonia entre capital e trabalho já começou a ser pregado há cerca de cinquenta anos; a filantropia burguesa gastou pesadas somas em dinheiro para provar essa harmonia mediante instituições-modelo e, como ainda veremos, encontramo-nos hoje na mesma situação de cinquenta anos atrás.

Nosso autor se volta agora para a solução prática do problema. Pouco havia de revolucionário na proposta de Proudhon de

---

[24] Emil Sax, *Die Wohnungszustände*, cit., p. 27-8. Grifo de Engels.

[25] Ibidem, p. 47.

Sobre a questão da moradia

transformar os trabalhadores em proprietários de suas moradias[26], o que já se depreende do fato de que o socialismo burguês tentou, já antes dele, pô-la em prática e ainda continua tentando. O senhor Sax também declara que a questão da moradia só poderia ser plenamente resolvida mediante a transferência da propriedade da moradia para os trabalhadores (p. 58 e 59). E não é só: essa ideia o leva a um êxtase poético, levando-o a extravasar seu entusiasmo da seguinte maneira:

> Há algo peculiar no anseio da posse fundiária inerente ao ser humano, um instinto que nem mesmo *a febril pulsação da vida repleta de bens* da atualidade foi capaz de atenuar. Trata-se da sensação inconsciente da importância da realização econômica representada pela posse fundiária. Com ela, o ser humano adquire um esteio seguro; ele, por assim dizer, fixa firmemente suas raízes e toda economia [!] tem nela sua base mais duradoura. Mas a força benéfica da posse fundiária vai muito além dessas vantagens materiais. Quem for feliz a ponto de chamar tal posse de sua alcançou *o patamar mais elevado imaginável da independência econômica*[27]; possui um território, no qual pode mandar e desmandar *soberanamente; é seu próprio senhor*, possui certo poder e um *amparo seguro* para o tempo da necessidade; sua autoestima melhora e, com esta, sua força moral. Daí a profunda importância da propriedade para a presente questão. [...] O trabalhador, hoje exposto sem defesa às vicissitudes da conjuntura e constantemente dependente do patrão, seria, por essa via, até certo ponto arrancado dessa situação precária; ele *se tornaria capitalista* e estaria assegurado contra os perigos do desemprego ou da invalidez pelo crédito real que estaria à sua disposição em consequência disso. *Ele seria, desse modo, alçado da classe despossuída para a classe dos possuidores.* (p. 63)

O senhor Sax parece pressupor que o ser humano é essencialmente agricultor, caso contrário não idealizaria para os trabalhadores

---

[26] A proposta de transformar os trabalhadores em proprietários de suas moradias mediante o pagamento de prestações foi exposta por Proudhon em *Idée générale de la révolution au XIXᵉ siècle*, cit.

[27] Os dois primeiros grifos são de Engels.

de nossas grandes cidades um anseio da posse fundiária que ninguém além dele conseguiu detectar até agora. Para nossos trabalhadores que vivem nas grandes cidades a liberdade de movimento é a condição primeira de sobrevivência, posto que a posse fundiária só pode ser algo que os prende. Consigam casas próprias para eles, voltem a amarrá-los a seu torrão e vocês quebrarão sua resistência contra a pressão dos fabricantes para baixar os salários. Ocasionalmente, o trabalhador individual até pode conseguir vender sua casinha, mas, no caso de uma greve séria {D4 acrescenta: "ou de uma crise geral da indústria"}, todas as casas pertencentes aos trabalhadores atingidos teriam de ser postas à venda e, portanto, não haveria compradores ou elas seriam vendidas bem abaixo do preço de custo. E, se houvesse compradores para todas, a grandiosa reforma habitacional do senhor Sax se desfaria no ar e ele poderia recomeçar da estaca zero. Entretanto, poetas vivem num mundo imaginário, e assim vive também o senhor Sax, ao imaginar que o proprietário de terra teria "alcançado o patamar mais elevado da independência econômica", que teria "um amparo seguro", que *se tornaria capitalista* e estaria assegurado contra os perigos do desemprego ou da invalidez pelo crédito real ao qual teria acesso em consequência disso" etc. Queira o senhor Sax dar uma olhada nos pequenos agricultores franceses e em nossos pequenos agricultores renanos; suas casas e seus campos estão completamente onerados com hipotecas, a colheita pertence aos seus credores já antes da ceifa e não são eles que mandam e desmandam soberanamente em seu "território", mas o usurário, o advogado e o oficial de justiça. Esse de fato é o patamar mais elevado imaginável da independência econômica – para o usurário! E para que os trabalhadores submetam o mais rápido possível sua casinha a essa mesma soberania do usurário, o senhor Sax, cheio de boas intenções, aponta preventivamente para o crédito real que estaria à sua disposição, ao qual poderiam recorrer na hora do desemprego e da invalidez, em vez de dar trabalho ao serviço social.

Seja como for, o senhor Sax solucionou o problema levantado no início: o trabalhador *se torna capitalista* mediante a aquisição de sua casinha própria.

O capital representa poder de mando sobre o trabalho não pago de outros. A casinha do trabalhador, portanto, só se converte em

Sobre a questão da moradia

capital no momento em que ele a aluga a um terceiro e se apropria de uma parcela do produto do trabalho desse terceiro na forma de aluguel. O fato de ele próprio residir na casa impede justamente que a casa se converta em capital, do mesmo modo que um casaco deixa de ser capital no momento em que eu o compro do alfaiate e o visto. O trabalhador que possui uma casinha no valor de mil táleres de fato não é mais proletário, mas é preciso ser um senhor Sax para chamá--lo de capitalista.

O capitalismo de nosso trabalhador possui ainda outro aspecto. Suponhamos que, numa determinada região industrial, seja regra que cada trabalhador possua sua própria casinha. Nesse caso, *a classe trabalhadora daquela região mora sem custo*; as despesas referentes à moradia não entram mais no valor de sua força de trabalho. No entanto, "com base nas leis brônzeas da teoria da economia nacional"[28], toda e qualquer redução dos custos de geração da força de trabalho, isto é, toda e qualquer diminuição permanente no custo de vida do trabalhador significa um rebaixamento do valor da força de traba-lho e, por conseguinte, acaba acarretando uma redução do salário. Portanto, o salário se reduziria, em média, no mesmo montante pou-pado com o valor médio do aluguel, isto é, o trabalhador pagaria o aluguel por sua própria casa, mas não, como antes, em dinheiro entre-gue ao dono da casa, e sim em forma de trabalho não pago ao dono da fábrica para quem ele trabalha. Assim, todavia, as economias que o trabalhador investe em sua casinha de certo modo se converteriam em capital, mas não em capital para ele, e sim para o capitalista que lhe dá emprego.

Portanto, nem no papel o senhor Sax consegue transformar seu trabalhador num capitalista.

A propósito, o que foi dito acima vale para todas as assim cha-madas reformas sociais que resultam em economia ou barateamento dos víveres do trabalhador. Ou elas se generalizam e são seguidas de um rebaixamento correspondente do salário ou então permane-cem como experimentos isolados e, nesse caso, sua mera existência como exceções isoladas prova que sua execução em grande escala é incompatível com o modo de produção capitalista vigente.

---

[28] Emil Sax, *Die Wohnungszustände*, cit., p. 22.

Friedrich Engels

Suponhamos que, em certa região, a introdução generalizada de associações de consumidores lograsse baratear 20% o custo dos víveres dos trabalhadores; nesse caso, com o tempo, o salário deveria sofrer, naquele lugar, uma redução de aproximadamente 20%, isto é, a mesma proporção em que os víveres em questão pesam no sustento da vida dos trabalhadores. Se o trabalhador utiliza, por exemplo, em média, três quartos de seu salário semanal nesses víveres, seu salário acabará por sofrer uma redução de ¼ × 20 = 15%. Em suma, assim que esse tipo de reforma visando economizar tiver se generalizado, o salário do trabalhador diminuirá na mesma proporção em que suas economias lhe permitem viver mais barato. Dai *a cada trabalhador* uma receita economizada, independente, de 52 táleres [ao ano] e seu salário mensal acabará se reduzindo em um táler. Portanto, quanto mais ele economizar, menos ganhará. Ou seja, ele não poupa em seu próprio interesse, mas no do capitalista. O que mais é preciso para "estimular nele da forma mais intensa possível a principal virtude econômica, o senso para economizar" (p. 64)?

Aliás, o senhor Sax nos diz logo em seguida que os trabalhadores devem se tornar donos de casas não só em seu próprio interesse, mas também no dos capitalistas:

> Mas não só a classe trabalhadora, como também toda a sociedade tem o maior interesse em ver o maior número possível de seus membros presos ao chão [!] [gostaria muito de ver o senhor Sax nessa posição] [...] A posse fundiária [...] reduz o número dos que oferecem resistência à dominação da classe possuidora. {D4 exclui esta última frase} [...] Todas as forças secretas que inflamam o vulcão chamado questão social, ardendo sob nossos pés, a amargura proletária, o ódio [...] as perigosas confusões conceituais [...] tudo isso se dissipa como a névoa diante do sol da manhã, quando [...] os próprios trabalhadores passam desse modo a fazer parte da classe dos possuidores. (p. 65)

Em outras palavras, o senhor Sax espera que, por uma mudança de sua posição proletária necessariamente acarretada pela aquisição de uma casa, os trabalhadores percam também seu caráter

78

Sobre a questão da moradia

proletário e voltem a ser lambe-botas obedientes como foram seus antepassados igualmente possuidores de casas. Os proudhonistas deviam pensar bem nisso.

O senhor Sax acredita ter resolvido a questão social deste modo:

A repartição mais justa dos bens, o enigma da esfinge cuja solução tantos já tentaram em vão encontrar, não estaria assim diante de nós como fato palpável? Não teria sido arrebatada das regiões dos ideais e trazida para a esfera da realidade? E, quando realizada, não terá sido alcançado um dos seus objetivos supremos, que até mesmo os *socialistas mais radicais apresentam como ponto culminante de suas teorias*[29]? (p. 66)[30]

Por sorte, fizemos um esforço e chegamos até este ponto. Pois esse grito de júbilo é o ponto culminante {D4 = "ponto culminante"} do livro de Sax e, a partir daqui, retomamos devagarinho a descida que leva "das regiões dos ideais" até a realidade nua e crua e, quando chegarmos lá embaixo, veremos que nada, mas nada mesmo, mudou em nossa ausência.

Nosso guia nos faz dar o primeiro passo morro abaixo, informando-nos que existem dois sistemas de moradias de trabalhadores: o sistema de *cottage*, no qual cada família de trabalhadores possui sua própria casinha e, quando possível, também uma pequena horta, como na Inglaterra, e o sistema de caserna dos grandes edifícios, que comportam muitas moradias de trabalhadores, como em Paris, Viena etc. Entre os dois, situa-se o sistema usual no Norte da Alemanha. Ora, o sistema de *cottage* seria o único adequado e o *único* em que o trabalhador pode adquirir a propriedade de sua casa; ademais, o sistema de caserna traria desvantagens muito grandes para a saúde, a moralidade e a tranquilidade doméstica – mas infelizmente o sistema de *cottage* é inexequível justamente nos centros da escassez de moradia, ou seja, nas metrópoles, por causa do encarecimento da terra, e devemos nos dar por satisfeitos quando ali são construídas, em lugar de grandes casernas, edifícios com quatro a seis moradias

---

[29]   O texto de Sax traz "teoremas", em vez de "teorias".

[30]   Ibidem, p. 65-6. O último grifo é de Engels.

ou quando as principais deficiências do sistema de caserna são minoradas com todo tipo de artifícios arquitetônicos (p. 71-92).

Já descemos um bom trecho, não é mesmo? A transformação dos trabalhadores em capitalistas, a solução para a questão social, a casa que cada trabalhador deveria ter como propriedade – tudo isso ficou lá em cima, "nas regiões dos ideais"; o que nos resta é apenas tratar de introduzir o sistema de *cottage* no campo e, nas cidades, ajeitar as casernas de trabalhadores do modo mais suportável possível.

A solução burguesa para a questão da moradia, portanto, reconhecidamente fracassou – fracassou na *oposição entre cidade e campo*. E assim chegamos ao cerne da questão. A questão da moradia só poderá ser resolvida quando a sociedade tiver sido revolucionada a ponto de poder se dedicar à supressão da oposição entre cidade e campo, levada ao extremo pela atual sociedade capitalista. A sociedade capitalista, longe de poder suprimir essa oposição, é forçada, ao contrário, a exacerbá-la diariamente. Em contraposição, os primeiros socialistas utópicos modernos, Owen e Fourier, já haviam corretamente reconhecido isso. Em suas estruturas-modelo não existe mais a oposição entre cidade e campo. Ocorre, portanto, o contrário do que afirma o senhor Sax: não é a solução da questão da moradia que leva simultaneamente à solução da questão social, mas é pela solução da questão social, isto é, pela abolição do modo de produção capitalista que se viabiliza concomitantemente a solução da questão da moradia. É um contrassenso querer solucionar a questão da moradia e preservar as metrópoles modernas. As metrópoles modernas, contudo, somente serão eliminadas pela abolição do modo de produção capitalista, e, quando esta tiver sido posta em marcha, as questões que deverão ser tratadas serão de natureza bem diferente daquela de conseguir para cada trabalhador uma casinha que lhe pertença.

Num primeiro momento, porém, qualquer revolução social terá de lidar com as coisas como são e remediar as mazelas mais gritantes com os recursos disponíveis. E, nesse tocante, já vimos que a escassez de moradia pode ser imediatamente amenizada pela expropriação de uma parte das moradias de luxo pertencentes às classes possuidoras e pela transformação da outra parte em alojamento.

Sobre a questão da moradia

Na sequência, o senhor Sax volta a deixar as grandes cidades e discorre longa e extensamente sobre as colônias de trabalhadores que deverão ser instaladas *ao lado* das cidades; ele descreve todas as belezas dessas colônias com "água encanada, iluminação a gás, calefação a ar ou a água quente, lavanderias, câmaras secadoras, casas de banho etc."[31] coletivos, com "creche, escola, oratório [!], sala de leitura, biblioteca [...] adega para vinho e cerveja, salão de dança e música em lugar de destaque"[32], com energia a vapor que poderá ser canalizada para todas as casas e, assim, "a produção em certa medida poderá ser retransferida das fábricas para as oficinas domésticas"[33]. Tudo isso, porém, não muda nada na questão. A colônia, como ele a descreve, foi diretamente emprestada dos socialistas Owen e Fourier pelo senhor Huber e totalmente aburguesada pela supressão de qualquer aspecto socialista[34]. Mas isso a torna ainda mais utópica. Nenhum capitalista tem interesse em instalar tais colônias, e de fato não existe uma dessas em lugar nenhum do mundo, exceto em Guise, na França; e esta foi construída por um fourierista, não para especulação rentável, mas como experimento socialista[35] {D4 acrescenta*)}. Exatamente do mesmo modo, o senhor Sax poderia ter citado a favor de seu afã de elaborar projetos burgueses

---

[31] Emil Sax, *Die Wohnungszustände*, cit., p. 95.

[32] Essa citação de Huber, *Ueber innere Colonisation*, cit., p. 212, evidentemente foi tomada por Engels do livro de Emil Sax, *Die Wohnungszustände*, cit., p. 96.

[33] Emil Sax, *Die Wohnungszustände*, cit., p. 100.

[34] Engels se refere à obra de Huber, *Ueber innere Colonisation*, cit., que Sax cita em *Die Wohnungszustände*, cit., p. 16-7 e 95-6.

[35] Em 1859, Jean-Baptiste André Godin fundou em Guise uma colônia de trabalhadores que se tornou conhecida como *"familistère"* [familistério]. Ela remonta à ideia de Charles Fourier de criar um *"phalanstère"* [falanstério], um modo de vida e produção organizado como cooperativa. Na 2. ed. de *Zur Wohnungsfrage* [Sobre a questão da moradia] (Hottingen-Zurique, Volksbuchhandlung, 1887), Engels comenta numa nota de rodapé: "E também esta [colônia] acabou se tornando um mero núcleo de exploração dos trabalhadores. Ver o *Socialiste*, de Paris, ano 1886". Supostamente, Engels se referiu aos artigos "Le familistère de Guise" (*Le Socialiste*, Paris, n. 45, 3 de julho de 1886, p. 3) e "Le programme de M. Godin" (idem, n. 48, 24 de julho de 1886, p. 1).

*) E também esta acabou se tornando um mero núcleo de exploração dos trabalhadores. Ver o *Socialiste*, de Paris, ano 1886. [Nota de Engels à edição de 1887.]

Friedrich Engels

a colônia comunista Harmony Hall, fundada por Owen em Hampshire no início da década de 1840 e há muito extinta[36].

Entretanto, todo esse falatório sobre colonização é apenas uma tentativa canhestra de novamente alçar voo para as "regiões dos ideais", tentativa que é abandonada de imediato. E retomamos celeremente a descida. A solução mais simples agora é esta: "que os empregadores, os donos de fábrica, ajudem os trabalhadores a conseguir as moradias apropriadas, quer as construam eles próprios, quer incentivem os trabalhadores a construí-las por si mesmos e os apoiem nesse intento, colocando à sua disposição o terreno, adiantando o capital para a construção etc." (p. 106). – Com isso, saímos das grandes cidades, onde nem se pode falar dessas coisas, e somos transportados para o campo. O senhor Sax demonstra então que é do interesse dos próprios donos de fábrica ajudar os trabalhadores a conseguir moradias aceitáveis, por um lado como um bom investimento de capital e, por outro, porque a "elevação do nível de vida dos trabalhadores" que infalivelmente daí resulta:

> trará consigo forçosamente um incremento de sua força física e intelectual para o trabalho, o que naturalmente [...] trará grande benefício [...] ao empregador. Desse modo, porém, está dado também o ponto de vista correto para a participação dos empregadores na questão da moradia: ela se manifesta como emanação da *associação latente*, da preocupação, geralmente oculta sob a roupagem de aspirações humanitárias, dos empregadores pelo bem-estar físico e econômico, espiritual e moral de seus trabalhadores, a qual por si só se paga financeiramente quando obtém êxito em formar e garantir um plantel de trabalhadores capaz, habilidoso, disposto, satisfeito e *submisso*[37]. (p. 108)

A frase oca "associação latente", com a qual Huber tentou impingir um "sentido mais elevado" à conversa fiada filantrópico-burguesa,

---

[36] A colônia comunista "Harmony Hall", fundada por Robert Owen e seus adeptos no fim de 1839, durou até 1845.

[37] Grifo de Engels.

Sobre a questão da moradia

não muda nada na questão[38]. Mesmo sem essa frase, os grandes fabricantes rurais, principalmente na Inglaterra, há muito reconheceram que a instalação de moradias para trabalhadores é não só uma necessidade e parte da própria planta da fábrica, mas também muito rentável. Na Inglaterra surgiram, dessa maneira, povoados inteiros, alguns dos quais mais tarde se desenvolveram e se transformaram em cidades. Os trabalhadores, porém, em vez de se sentirem gratos aos capitalistas filantrópicos, desde sempre fizeram sérias objeções a esse "sistema de *cottage*". Não só porque têm de pagar preços monopolizados pelas casas, visto que o dono da fábrica não tem concorrentes, mas também porque, a cada greve, eles ficam desabrigados, já que o dono da fábrica os põe na rua sem a menor cerimônia, dificultando desse modo toda e qualquer resistência. Os detalhes a esse respeito podem ser lidos em meu livro *A situação da classe trabalhadora na Inglaterra*, p. 224 e 228*. O senhor Sax, porém, acha que esse tipo de coisa "nem merece refutação" (p. 111). Acaso ele não quer que o trabalhador seja proprietário de sua casinha? Certamente, mas como "os empregadores deveriam ter condições de dispor da moradia a qualquer tempo para, quando despedirem um trabalhador, terem espaço para o substituto", bem, então deveria haver "para esses casos a provisão *de revogabilidade da propriedade mediante acordo prévio*"[39] (p. 113)*)!

Desta vez, a descida se deu com inopinada rapidez. Lá no começo se dizia: o trabalhador deve ser proprietário de sua casinha; em

---

[38] Ver Victor Aimé Huber, *Sociale Fragen*, cit.

* *A situação da classe trabalhadora na Inglaterra*, cit., p. 216s. (N. T.)

[39] Ver "The Miners' Right to Vote", *The Daily News*, Londres, n. 8.258, 15 de outubro de 1872, p. 6. Grifo de Engels.

*) Também nesse aspecto os capitalistas ingleses não só realizaram, mas também excederam em muito os desejos acalentados pelo senhor Sax. Na segunda-feira 14 de outubro deste ano {D4 substitui "deste ano" por "1872"}, a corte de Morpeth, visando estabelecer a nominata dos eleitores para o Parlamento, julgou o requerimento de 2 mil mineiros que queriam ter seus nomes inscritos na lista. Ficou evidente que, de acordo com o regulamento interno da mina em que trabalhavam, essas pessoas, em sua maioria, *não podiam ser considerada locatárias* das casinhas em que residiam, mas apenas pessoas nelas *toleradas*, que sem qualquer aviso prévio podiam ser postas na rua a qualquer momento. (O dono da mina e o proprietário das casas naturalmente eram a mesma pessoa.) O juiz decidiu que essas pessoas não eram locatárias, mas *servas* e, como tais, não tinham direito de se inscrever na lista. (*Daily News*, 15 de outubro de 1872.) [Nota de Engels à edição de 1872-1873.]

Friedrich Engels

seguida, ficamos sabendo que isso é impossível nas cidades e exequível apenas no campo; agora nos é explicado que, também no campo, essa propriedade só seria *revogável* "mediante acordo prévio"! Com esse novo tipo de propriedade que o senhor Sax descobriu para os trabalhadores, com essa transformação dos trabalhadores em capitalistas "revogáveis mediante acordo prévio", fizemos uma aterrissagem bem-sucedida e encontramo-nos novamente em terra firme, onde temos de examinar o que os capitalistas e demais filantropos *realmente* fizeram para solucionar a questão da moradia.

II

Se dermos crédito ao que diz nosso Dr. Sax, os senhores capitalistas já realizaram coisas sumamente {D4 exclui "sumamente"} significativas para remediar a escassez de moradia e forneceram a prova de que a questão da moradia pode ser solucionada com base no modo de produção capitalista.

Antes de tudo, o senhor Sax cita o exemplo... da França bonapartista! Como se sabe, na época da Exposição Universal de Paris, Luís Bonaparte nomeou uma comissão, aparentemente para prestar conta da situação das classes trabalhadoras da França, mas que na verdade visava descrever essa situação como verdadeiramente paradisíaca para honra e glória do Império. Ao relatório *dessa* comissão, formada pelos servidores mais corruptos do bonapartismo, reporta-se o senhor Sax, especialmente porque os resultados de seu trabalho são "bastante completos para a França, segundo *a alegação do próprio comitê* incumbido"[40]! E que resultados são esses? Dos 89 grandes industriais ou sociedades por ações que prestaram informações, 31 *não* construíram moradias para os trabalhadores; as moradias edificadas abrigam, segundo a estimativa do próprio Sax, no máximo 50 mil ou 60 mil indivíduos e consistem quase exclusivamente de dois cômodos para cada família[41]!

É óbvio que todo capitalista que está preso a determinada localidade geográfica devido às condições de sua indústria – energia hídrica, localização de minas de carvão, depósitos de minério de

---

[40] Emil Sax, *Die Wohnungszustände*, cit., p. 114-5. Grifo de Engels.
[41] Ibidem, p. 115-6.

Sobre a questão da moradia

ferro e outros etc. – tem de construir moradias para os trabalhadores quando estas não estão disponíveis. Para conseguir ver nisso uma prova da existência da "associação latente", "um atestado eloquente de uma compreensão crescente do tema e do grande alcance deste" e um "começo bastante promissor" (p. 115), é preciso ter desenvolvido o hábito de iludir a si mesmo. Aliás, também nesse tocante os industriais dos diferentes países distinguem-se por seu respectivo caráter nacional. Por exemplo, o senhor Sax nos relata o seguinte na p. 117:

> Na *Inglaterra, só em tempos mais recentes* tornou-se perceptível uma atividade mais intensa dos empregadores nesse sentido. Isso se refere principalmente às pequenas aldeias mais remotas da área rural [...]. A circunstância que predominantemente dá aos empregadores *motivação para construir* moradias para os trabalhadores é que, sem isso, os trabalhadores com frequência precisam percorrer um longo caminho da localidade mais próxima até a fábrica e, chegando já exaustos, não conseguem realizar um trabalho satisfatório. Entrementes, aumenta também o número daqueles que, chegando a uma *concepção mais profunda* da situação, vinculam à reforma habitacional mais ou menos todos os demais elementos da associação latente; é a eles que as florescentes colônias devem seu surgimento. [...] Os nomes de Ashton em Hyde, Ashworth em Turton, Grant em Bury, Greg em Bollington, Marshall em Leeds, Strutt em Belper, Salt em Saltaire, Ackroyd em Copley, entre outros, são bem conhecidos por causa disso no Reino Unido.[42]

Santa ingenuidade e, ainda mais, santa ignorância! Só em "tempos mais recentes" os donos de fábrica na zona rural da Inglaterra construíram moradias para os trabalhadores! Não, caro senhor Sax, os capitalistas ingleses são grandes industriais de verdade, não só no que diz respeito ao bolso, mas também no que diz respeito à cabeça. Muito antes de a Alemanha ter uma indústria realmente grande, eles reconheceram que, na fabricação em áreas rurais, as despesas com moradia para os trabalhadores eram uma parcela necessária,

---

[42] Ibidem, p. 117-8. Grifos de Engels.

direta e indiretamente bastante rentável, do capital total a ser investido. Muito antes de a luta entre Bismarck e os burgueses alemães ter concedido liberdade de associação aos trabalhadores alemães[43], os fabricantes, os proprietários de minas e de fundições na Inglaterra haviam experimentado na prática a pressão que podiam exercer sobre trabalhadores em greve quando eram simultaneamente os locadores desses trabalhadores. "As florescentes colônias" de um Greg, um Ashton e um Ashworth são tão próprias dos "tempos mais recentes" que há 40 anos já eram trombeteadas como modelo pela burguesia, o que eu mesmo descrevi já há 28 anos (*Lage der arbeitenden Klasse*, nota, p. 228-30)[44]. Mais ou menos a mesma idade têm as colônias de Marshall e Akroyd (esta é a grafia correta do nome), e mais antiga ainda é a de Strutt, cujos primórdios remontam ao século passado. E, visto que na Inglaterra a duração média de uma moradia de trabalhador é estimada em quarenta anos, o próprio senhor Sax pode contar nos dedos a condição decadente em que se encontram agora essas "florescentes colônias". Ademais, a maioria dessas colônias já não se situa mais no campo, pois a expansão colossal da indústria cercou-as com fábricas e casas, de tal maneira que elas se situam em cidades sujas e fumacentas de 20 a 30 mil habitantes ou mais; nada disso impede a ciência da burguesia alemã, representada pelo senhor Sax, de entoar ainda hoje com a maior devoção os velhos cânticos de louvor ingleses de 1840, que já nem se aplicam mais.

E que dizer do velho A – não quero citar o nome, pois já faz muito que ele está morto e enterrado! {D4 substitui esta frase por: "E que dizer do velho Akroyd!".} Esse bravo homem com toda certeza foi um filantropo da mais pura estirpe. Amava tanto seus trabalhadores e especialmente suas trabalhadoras que os concorrentes não tão filantrópicos de Yorkshire costumavam dizer a respeito dele: ele toca

---

[43] Depois de ter sido instituída a liberdade de ir e vir no território da Liga do Norte da Alemanha, a burguesia exigiu do governo federal de Otto von Bismarck uma lei visando garantir a total liberdade profissional e, desse modo, promover o desenvolvimento capitalista. O Regulamento dos Ofícios, que foi promulgado no dia 21 de julho de 1869 e entrou em vigor em 1º de outubro de 1869, eliminou todas as determinações que obstaculizavam o desenvolvimento dos ofícios industriais e, no §152, revogou as proibições de associação.

[44] Friedrich Engels, *Die Lage der arbeitenden Klasse*, cit., p. 227-9 [ed. bras.: *A situação da classe trabalhadora na Inglaterra*, cit., nota 22, p. 222].

Sobre a questão da moradia

a fábrica exclusivamente com os próprios filhos! E, no entanto, o senhor Sax afirma que, nessas florescentes colônias, "os nascimentos ilegítimos tornam-se cada vez mais raros" (p. 118). De fato, quando são nascimentos ilegítimos *extramatrimoniais*, pois as meninas bonitas costumam se casar bem jovens nos distritos fabris ingleses.

Na Inglaterra, a instalação de moradias para trabalhadores nas cercanias de toda grande fábrica rural, simultaneamente à fábrica, tem sido a regra há mais de sessenta anos. Como já foi mencionado, muitos desses povoados fabris são o núcleo em torno do qual se assentou mais tarde uma cidade fabril inteira, com todas as anomalias que ela traz consigo. Portanto, essas colônias não resolveram a questão da moradia; foram elas que *a geraram* na localidade.

Em contraposição, nos países que apenas claudicaram atrás da Inglaterra no campo da grande indústria, e só a partir de 1848 souberam mais propriamente o que é uma grande indústria, a saber, a França e {D4 acrescenta "especialmente"} a Alemanha, a situação é bem diferente. Aqui só as fábricas e fundições colossais, depois de muito hesitar, decidiram construir moradias para os trabalhadores – como a fábrica Schneider em Creusot e a Krupp em Essen. A grande maioria dos industriais da área rural faz os trabalhadores trotar várias milhas debaixo de calor, neve e chuva de manhã até a fábrica e de noite de volta para casa. Isso ocorre especialmente nas regiões montanhosas dos Vosges, na França e na Alsácia, bem como às margens dos rios Wupper, Sieg, Agger, Lenne e outros da Renânia e da Vestfália. Nos Montes Metalíferos, as condições não serão melhores. Exatamente a mesma mesquinharia está presente em alemães e franceses.

O senhor Sax sabe muito bem que tanto o começo promissor quanto as florescentes colônias são o mesmo que nada. Em consequência, ele passa a provar para os capitalistas o esplêndido rendimento que poderão extrair da construção de moradias para os trabalhadores. Em outras palavras, procura indicar uma nova maneira de ludibriar os trabalhadores.

Em primeiro lugar, ele apresenta como exemplo uma série de cooperativas de construção londrinas que, de natureza em parte filantrópica e em parte especulativa, obtiveram um lucro líquido de 4%

a 6% e até mais[45]. O senhor Sax nem precisa se dar o trabalho de nos provar que o capital investido em moradias para trabalhadores é bastante rentável. A razão pela qual não se investe nisso mais do que de fato ocorre é que moradias mais caras são ainda mais rentáveis para o proprietário. A exortação do senhor Sax aos capitalistas mais uma vez não dará em nada além de um sermão moralista.

Ora, no que se refere a essas cooperativas de construção londrinas, cujo brilhantismo é tão trombeteado pelo senhor Sax, elas construíram no total, segundo a contagem que ele próprio faz, e na qual inclui toda e qualquer especulação imobiliária, alojamentos para 2.132 famílias e 706 homens solteiros, ou seja, para menos de 15 mil pessoas[46]! E na Alemanha ousa-se apresentar seriamente essas infantilidades como grandes êxitos, embora só na banda oriental de Londres viva cerca de 1 milhão de trabalhadores nas mais miseráveis condições habitacionais? Todos esses esforços filantrópicos são de fato tão deploravelmente minúsculos que os relatórios do Parlamento inglês que se ocupam da situação dos trabalhadores nem sequer fazem menção a eles.

Vamos omitir aqui a ridícula falta de conhecimento a respeito de Londres que transparece em toda essa seção. Só mencionarei um ponto. O senhor Sax pensa que a pensão para homens solteiros em Soho fechou porque, nessa região, "não se pôde contar com uma clientela numerosa"[47]. O senhor Sax imagina a banda ocidental de Londres como uma cidade toda ela luxuosa, sem saber que, bem perto das ruas mais elegantes, estão os mais imundos bairros de trabalhadores, sendo o Soho, por exemplo, um deles. No início, a pensão-modelo em Soho à qual ele se refere, e que conheci há 23 anos, teve enorme receptividade, mas acabou fechando porque ninguém aguentava morar ali. E isso porque era uma das melhores.

Mas e a cidade dos trabalhadores de Mülhausen, na Alsácia, não é um sucesso?

A cidade dos trabalhadores em Mülhausen é a grande vitrine dos burgueses continentais, exatamente como foram em seu tempo as

---

[45]   Dados em Emil Sax, *Die Wohnungszustände*, cit., p. 130.

[46]   Ibidem, p. 133-9.

[47]   Ibidem, p. 142.

Sobre a questão da moradia

florescentes colônias de Ashton, Ashworth, Greg e similares para os ingleses. Infelizmente, ela não é produto da associação "latente", mas da associação franca entre o Segundo Império francês e os capitalistas da Alsácia. Ela foi um dos experimentos socialistas de Luís Bonaparte, para o qual o Estado adiantou ⅓ do capital. Em quatorze anos (até 1867), oitocentas casinhas foram construídas seguindo um sistema deficitário, impossível na Inglaterra, onde se entende {D4 acrescenta "mais"} disso; essas casinhas se convertem em propriedade dos trabalhadores após treze a quinze anos de pagamento mensal de aluguel majorado. Esse modo de aquisição de propriedade, que, como veremos, há muito já havia sido introduzido pelas cooperativas de construção inglesas, não precisou ser inventado pelos bonapartistas da Alsácia. As majorações do aluguel para a compra das casas são bastante salgadas em comparação com as inglesas; por exemplo, depois de ter pago em 15 anos 4.500 francos a prestações, o trabalhador recebe a propriedade de uma casa que há 15 anos valia 3.300 francos. Caso o trabalhador queira se mudar para outro lugar ou atrasar o pagamento de uma única prestação (podendo, nesse caso, ser posto na rua), põe-se na conta dele o pagamento de um aluguel anual de 6 ⅔% do valor original da casa (por exemplo, 17 francos mensais para uma casa no valor de 3 mil francos), sendo o restante devolvido a ele, só que *sem um centavo de juros*[48]. É compreensível que desse modo a sociedade possa enriquecer, inclusive à parte o "auxílio do Estado"; do mesmo modo, é compreensível que as moradias fornecidas nessas circunstâncias, já por terem sido construídas fora da cidade, em área semirrural, sejam melhores do que as velhas moradias de caserna situadas na própria cidade.

Não diremos palavra sobre os poucos experimentos deploráveis realizados na Alemanha, cuja mediocridade é reconhecida até mesmo pelo senhor Sax (p. 157).

O que provam todos esses exemplos? Simplesmente que a instalação de moradias para trabalhadores é capitalisticamente rentável, mesmo quando não se pisa em cima de todas as leis sanitárias. Isso, no entanto, nunca foi contestado; há muito que todos sabemos disso. *Todo e qualquer* investimento de capital que satisfaça uma

---

[48] Ver ibidem, p. 145-50.

Friedrich Engels

necessidade é rentável quando gerido de maneira racional. A pergunta é justamente esta: por que, *apesar disso*, perdura a escassez de moradia? Por que, apesar disso, os capitalistas não fornecem moradias saudáveis em número suficiente para os trabalhadores? Nesse aspecto, mais uma vez o senhor Sax só tem exortações a fazer ao capital e fica devendo a resposta. A resposta real para essa pergunta já foi dada por nós anteriormente.

O capital – isso está definitivamente constatado – *não quer* eliminar a escassez de moradia, mesmo que possa. Restam apenas dois recursos: a ajuda mútua dos trabalhadores e o auxílio do Estado.

O senhor Sax, um partidário entusiástico da ajuda mútua, diz maravilhas a respeito dela também no que se refere à questão da moradia. Infelizmente, logo no início tem de admitir que ela só pode realizar algo onde existe ou pode ser concretizado o sistema de *cottage*, ou seja, mais uma vez apenas no campo; nas metrópoles, mesmo na Inglaterra, só de maneira muito limitada. Nesse caso, suspira o senhor Sax, "a reforma por meio dela [a ajuda mútua][49] só pode ser realizada mediante um *desvio* e, por conseguinte, sempre de maneira imperfeita, isto é, só na medida em que o princípio da propriedade tiver um efeito retroativo sobre a qualidade da moradia"[50]. Isso também poderia ser posto em dúvida; em todo caso, "o princípio da propriedade" não teve nenhum efeito reformador sobre "qualidade" do estilo de nosso autor. Apesar de tudo isso, a ajuda mútua realizou na Inglaterra maravilhas tais "que, diante disso, tudo o que aconteceu para solucionar a questão da moradia em outras direções está sendo *ultrapassado de longe*. Trata-se das *building societies* [cooperativas de construção] inglesas"[51], que o senhor Sax trata mais extensamente em especial porque:

> de modo geral, disseminaram-se concepções muito insuficientes ou errôneas sobre sua essência e atuação. As *building societies* inglesas de modo algum [...] são sociedades de construção ou cooperativas de construção, mas, antes, devem ser designadas [...] em

---

[49]   Acréscimo de Engels.

[50]   Emil Sax, *Die Wohnungszustände*, cit., p. 170. Grifo de Engels.

[51]   Idem. Grifo de Engels.

Sobre a questão da moradia

alemão como sociedades para a aquisição de casas; trata-se de sociedades constituídas com a finalidade de formar um fundo mediante contribuições periódicas de seus membros e, a partir dele, conceder-lhes, proporcionalmente a seus meios, empréstimos para a compra de uma casa. [...] Em consequência, a *building society* é, para uma parte de seus membros, uma sociedade de poupança e, para outra parte, uma caixa de adiantamentos. – As *building societies* são, portanto, instituições de crédito hipotecário talhadas para suprir as necessidades do trabalhador, e cuja atividade principal é redirecionar [...] as economias dos trabalhadores [...] para os integrantes da mesma classe social dos depositantes, visando a compra ou construção de uma casa. Como é de se supor, esses empréstimos são concedidos mediante a hipoteca da propriedade real e constituídos de tal modo que a quitação ocorre em suaves prestações que já incluem juros e amortização. [...] Os juros não são pagos aos depositantes, mas sempre *creditados como juro composto*[52]. [...] O saque dos depósitos acrescidos dos juros [...] pode ocorrer a qualquer momento, por aviso prévio mensal (p. 170-2). [...] Na Inglaterra, existem mais de 2 mil sociedades desse tipo [...] o capital acumulado por elas chega a cerca de 15 milhões de libras esterlinas, e, por essa via, cerca de 100 mil famílias *de trabalhadores* já lograram obter a posse de seu próprio lar; uma conquista social que tão logo certamente não terá outra igual. (p. 174)

Infelizmente, também aqui o "mas" vem claudicando logo atrás: "Entretanto, uma solução completa para essa questão *não foi alcançada*. Isso já pelo fato de a aquisição da casa ser franqueada somente aos trabalhadores *mais abastados* [...]. As providências sanitárias, em especial, muitas vezes não são devidamente observadas" (p. 176). No continente, esse "tipo de sociedade [...] encontra pouco espaço para se desenvolver"[53]. Ela pressupõe o sistema de *cottage*, que só existe no campo; mas no campo os trabalhadores não são ainda suficientemente evoluídos para adotar a ajuda mútua. Em contrapartida, nas cidades, onde se poderiam formar cooperativas de construção

---

[52] Este grifo e o próximo são de Engels.

[53] Emil Sax, *Die Wohnungszustände*, cit., p. 178-9.

Friedrich Engels

propriamente ditas, contrapõem-se "dificuldades sérias e bastante consideráveis de todo tipo" (p. 179). Elas só poderiam construir *cottages*, o que não é viável nas metrópoles. Em suma, "a essa forma de ajuda cooperativada decerto não pode caber, nas condições atuais – e dificilmente num futuro próximo –, o papel principal na solução da presente questão". Fato é que essas sociedades de construção ainda se encontram "no estágio primordial, ainda não desenvolvidas". "Isso vale também para a Inglaterra" (p. 181).

Portanto, os capitalistas não *querem* e os trabalhadores não *podem*. E, dizendo isso, poderíamos dar por finalizada esta seção, se não fosse estritamente necessário prestar um esclarecimento sobre as *building societies* inglesas que os burgueses do naipe de um Schulze-Delitzsch[54] estão sempre apresentando a nossos trabalhadores como um modelo.

Essas *building societies* nem são sociedades de trabalhadores nem têm como objetivo principal conseguir casas próprias para eles. Veremos, ao contrário, que isso só acontece muito excepcionalmente. As *building societies* são de natureza essencialmente especulativa, tanto as pequenas, que são as originais, quanto suas imitadoras de grande porte. Numa taberna qualquer – normalmente por iniciativa do taberneiro, que depois acolhe as reuniões semanais –, certo número de clientes regulares e seus amigos, pequenos comerciantes, contadores, caixeiros-viajantes, mestres artesãos e outros integrantes da pequena burguesia – aqui e ali também um engenheiro mecânico ou outros trabalhadores pertencentes à aristocracia de sua classe –, reúnem-se e constituem uma cooperativa de construção; a causa imediata costuma ser esta: o taberneiro encontrou na vizinhança ou em outro lugar um terreno por um preço relativamente barato. Em virtude de

---

[54] Franz Hermann Schulze-Delitzsch defendia que a questão social poderia ser resolvida por meio de reformas no quadro da ordem social capitalista. Recomendou aos trabalhadores e pequeno-burgueses que se reunissem, segundo o princípio da ajuda mútua, em associações de matérias-primas, consumo e crédito e em cooperativas de construção e produção, tendo em vista a melhoria de sua situação. Schulze--Delitzsch fundou um grande número de associações dos mais diversos tipos; em julho de 1872, surgiu, por exemplo, a Associação para Remediar a Escassez de Moradia em Berlim e Arredores, estimulada por ele. Quando Schulze-Delitzsch faleceu, em 1883, existiam na Alemanha numerosas sociedades de construção graças à sua iniciativa.

Sobre a questão da moradia

sua ocupação profissional, a maior parte dos membros não está radicada numa determinada região; inclusive os pequenos comerciantes e artesãos mantêm na cidade apenas os negócios, mas não a moradia; quem tem condição prefere morar fora da cidade fumacenta a morar no meio dela. O terreno para a construção é comprado e nele é edificado o maior número possível de *cottages*. O crédito dos mais abastados possibilita a compra, as contribuições semanais, somadas a pequenos empréstimos, cobrem as despesas semanais de construção. Os membros que visam uma casa própria recebem os *cottages* por sorteio, à medida que são concluídos, e o aluguel majorado correspondente amortiza o preço da compra. Os *cottages* restantes são alugados ou vendidos. Mas, quando a sociedade faz bons negócios, ela acumula um patrimônio mais ou menos vultoso, que fica para os membros enquanto pagarem suas contribuições e é distribuído de tempos em tempos ou quando ocorre a dissolução da sociedade. Esse é o currículo de nove entre dez sociedades de construção inglesas. As demais são sociedades maiores, às vezes constituídas a pretexto político ou filantrópico, mas cujo objetivo principal sempre acaba sendo o de conseguir para as economias da *pequena burguesia* uma aplicação hipotecária mais lucrativa, com boa taxa de juros e perspectiva de dividendos resultantes da especulação com propriedade fundiária.

O tipo de cliente com que essas sociedades especulam é evidenciado pelo prospecto de uma das maiores dentre elas, se não a maior de todas. A Birkbeck Building Society, 29-30, Southampton Buildings, Chancery Lane, Londres, cuja receita desde a sua constituição totaliza mais de 10,5 milhões de libras esterlinas (70 milhões de táleres), que possui aplicações de mais de 416 mil libras em bancos e títulos públicos e conta atualmente com 21.441 membros e depositantes, anuncia-se ao público da seguinte maneira:

> A maioria das pessoas está familiarizada com o assim chamado sistema trienal dos fabricantes de pianos, pelo qual quem alugar um piano por três anos se tornará o proprietário dele ao final desse período. Antes da introdução desse sistema, as pessoas com renda limitada tinham quase tanta dificuldade para adquirir um

93

piano quanto para adquirir uma casa própria; ano após ano pagavam o aluguel do piano e gastavam duas ou três vezes o seu valor. Mas o que se faz por um piano também se pode fazer por uma casa. [...] Contudo, dado que uma casa custa mais do que um piano [...], é necessário um prazo maior para abater o preço de compra mediante o aluguel. Por essa razão, os diretores fizeram acordos com proprietários de casas em várias partes de Londres e em seus subúrbios, permitindo-lhes oferecer aos membros da Birkbeck Building Society e a outros uma grande variedade de casas nos mais diversos bairros da cidade. O sistema que os diretores pretendem adotar em seu procedimento é este: alugar as casas por 12 ½ anos, ao cabo dos quais, estando o pagamento do aluguel em dia, a casa passa a ser propriedade absoluta do locatário, sem nenhum pagamento adicional de qualquer natureza. [...] O locatário também pode contratar um prazo mais curto, com um valor de aluguel mais alto, ou um prazo mais longo, por um aluguel mais baixo. [...] *Pessoas com renda limitada, contadores e auxiliares de lojas* e outros podem livrar-se imediatamente de qualquer locador, tornando-se membros da Birkbeck Building Society.[55]

A linguagem é suficientemente clara. Não se fala de trabalhadores, mas de pessoas com renda limitada, auxiliares de lojas, contadores etc.; e, ainda por cima, pressupõe-se que os candidatos, por via de regra, *já possuem um piano*. De fato, nem se trata de trabalhadores, mas de pequeno-burgueses e pessoas que querem *e podem* chegar a essa condição; pessoas cuja renda, em geral, aumenta gradativamente, ainda que dentro de certos limites, como a dos empregados do comércio e ramos semelhantes, ao passo que a do trabalhador, cujo valor permanece igual na melhor das hipóteses, na realidade diminui proporcionalmente ao crescimento de sua família e ao aumento de suas necessidades. De fato, são poucos os trabalhadores que excepcionalmente podem participar dessas sociedades. Por um lado, sua renda é muito pequena e, por outro, tem natureza muito incerta para que possam assumir compromissos por 12 ½ anos. As

---

[55] Não foi possível encontrar o prospecto utilizado por Engels.

Sobre a questão da moradia

poucas exceções, às quais isso não se aplica, são trabalhadores mais bem pagos ou supervisores de fábrica {D4 acrescenta [*]}.

Aliás, qualquer um pode ver que os bonapartistas de Mülhausen nada mais são do que reles imitadores dessas sociedades de construção dos pequeno-burgueses ingleses. A única diferença é que aqueles, não obstante o auxílio que recebem do Estado, ludibriam bem mais seus clientes do que as sociedades de construção. As condições oferecidas são, de modo geral, bem menos liberais do que as vigentes em média na Inglaterra e, embora na Inglaterra se calcule juro composto sobre cada depósito, que também pode ser sacado após aviso prévio de um mês, os fabricantes de Mülhausen embolsam o juro simples e o juro composto e só permitem o saque do valor efetivo depositado na forma de táleres de cinco francos. E ninguém se admirará mais dessa diferença do que o próprio senhor Sax, cujo livro contém todos esses dados sem que ele saiba disso.

Portanto, nada feito com a ajuda mútua dos trabalhadores. Resta o auxílio do Estado. O que o senhor Sax tem a nos oferecer nesse tocante? Três coisas:

Em primeiro lugar, o Estado deve ter o cuidado de erradicar de sua legislação e administração, ou corrigir de modo apropriado, tudo

---

[*] Acrescento ainda uma pequena contribuição sobre a gestão de negócios especificamente das sociedades de construção londrinas. Como se sabe, a terra de quase toda a cidade de Londres pertence a mais ou menos uma dúzia de aristocratas, entre eles os mais eminentes, os duques de Westminster, Bedford, Portland etc. Estes haviam arrendado originalmente por 99 anos os terrenos individuais para construção, ao cabo dos quais eles tomam posse das terras com tudo o que se encontra neles. Eles passam a alugar as casas por prazos mais curtos, por exemplo, por 39 anos, sob uma assim chamada *repairing lease* [cláusula de reparação], por força da qual o locatário deve pôr a casa em bom estado e conservá-la. Assim que o contrato está encaminhado, o proprietário do terreno manda seu arquiteto e o supervisor (*surveyor*) do distrito para inspecionar a casa e verificar os consertos que devem ser necessariamente feitos. Estes muitas vezes são bastante significativos, chegando a abranger a reforma de toda a fachada, do telhado etc. O locatário deposita então o contrato de locação como garantia junto a uma sociedade de construção e recebe desta o dinheiro necessário – até mil libras esterlinas e até mais para um aluguel anual de 130-150 libras – adiantado para a construção que será feita à *sua* custa. Essas sociedades de construção, portanto, tornaram-se um elo importante num sistema que tem a finalidade de reconstruir reiteradamente e manter habitáveis, sem esforço e à custa do público, as casas pertencentes aos grandes aristocratas fundiários londrinos. E isso é para ser uma solução da questão da moradia dos trabalhadores! [Nota de Engels à edição de 1887.]

Friedrich Engels

o que de algum modo resulte na promoção da escassez de moradia das classes trabalhadoras. (p. 187)

Ou seja, revisão da legislação da construção civil e liberdade para que as construtoras possam construir mais barato. Na Inglaterra, porém, a legislação da construção civil foi reduzida a um mínimo, as construtoras são livres como pássaros voando no ar e, ainda assim, há escassez de moradia. E isso porque na Inglaterra, agora, constrói--se tão barato que as casas balançam quando uma carroça passa por elas e diariamente há aquelas que desabam. Ontem mesmo, dia 25 de outubro {D4 acrescenta: "de 1872"}, desabaram seis de uma vez em Manchester e feriram gravemente seis trabalhadores[56]. Portanto, isso também não serve para nada.

Em segundo lugar, o poder estatal deve impedir que o indivíduo, em seu individualismo tacanho, propague a mazela ou volte a provocá-la.[57]

Ou seja, inspeção sanitária e vistoria arquitetônica das moradias dos trabalhadores, transferência às autoridades públicas da competência de impedir o acesso a moradias que apresentem risco para a saúde e de desabamento, como foi feito na Inglaterra a partir de 1857. Mas como isso foi feito lá? A primeira lei, de 1855 (*Nuisances' Removal Act* [Lei de Remoção de Transtornos à Saúde Pública])[58], permaneceu "letra morta", como admite o próprio senhor Sax, o mesmo ocorrendo com a segunda lei, de 1858 (*Local Government Act* [Lei de Governança Local])[59] (p. 197). Em contraposição, o senhor Sax acredita que a

---

[56]   Artigo supostamente utilizado: "Fall of Six Houses at Manchester", *The Daily News*, Londres, n. 8.268, 26 de outubro de 1872, p. 3.

[57]   Emil Sax, *Die Wohnungszustände*, cit., p. 187.

[58]   "An Act to Consolidate and Amend the Nuisances Removal and Diseases Prevention Acts, 1848 e 1849" (14 de agosto de 1855), em *A Collection of the Public General Statutes passed in the Eighteenth and Nineteenth Years of the Reign of Her Majesty Queen Victoria* (Londres, George Edward Eyre and William Spottiswoode, 1855), p. 1.109-38.

[59]   "An Act to Amend the Public Health Act 1848, and to Make Further Provision for the Local Government of Towns and Populous Districts" (2 de agosto de 1858), em *A Collection of the Public General Statutes passed in the Twenty-first and Twenty-second*

Sobre a questão da moradia

terceira lei, o *Artisans' Dwellings Act* [Lei das Moradias dos Artesãos][60], que vale somente para cidades com mais de 10 mil habitantes, "com certeza dá um atestado oportuno acerca da noção profunda que o Parlamento britânico tem dos assuntos sociais" (p. 199), ao passo que essa afirmação, mais uma vez, apenas "expede um atestado oportuno" a respeito do total desconhecimento que o senhor Sax tem dos "assuntos" ingleses. É óbvio que a Inglaterra, de modo geral, está bem mais avançada do que o continente em termos de "assuntos sociais"; ela é a pátria da grande indústria moderna, é onde o modo de produção capitalista teve um desenvolvimento mais livre e mais amplo, é onde suas consequências vêm à tona nas cores mais gritantes e, por conseguinte, é onde primeiro se clama por uma reação da legislação. A melhor prova disso é a legislação das fábricas. Porém, se o senhor Sax acredita que uma lei do Parlamento só precisa entrar em vigor para ser imediatamente posta em prática, ele está redondamente enganado. E não há lei do Parlamento a que isso se aplique com mais propriedade (exceto talvez o *Workshops' Act* [Lei das Oficinas])[61] do que precisamente o *Local Government Act*. A aplicação da lei foi delegada às autoridades municipais, que em quase toda a Inglaterra são centros reconhecidos de todo tipo de corrupção, nepotismo e *jobbery*[*]. Os agentes dessas administrações municipais, que devem seus postos a todo tipo de deferência familiar, não são capazes de implementar tais leis sociais ou não têm propensão a {D4 substitui "propensão a" por "intenção de"} fazer isso, ao passo que, justamente na Inglaterra, os funcionários do Estado incumbidos da preparação e da aplicação da legislação social geralmente se distinguem pelo rigoroso cumprimento do dever – mesmo que hoje eles não sejam mais tão rigorosos como há vinte ou trinta anos. Nos

---

Years of the Reign of Her Majesty Queen Victoria (Londres, George Edward Eyre and William Spottiswoode, 1858), p. 749-94.

[60] "An Act to Provide Better Dwellings for Artizans and Labourers" [31 de julho de 1868], em *A Collection of the Public General Statutes passed in the Thirty-first and Thirty-second Years of the Reign of Her Majesty Queen Victoria* (Londres, George Edward Eyre and William Spottiswoode, 1868), p. 1.325-42.

[61] Não foi possível encontrar o documento original referido.

[*] Denomina-se *jobbery* o uso de um cargo público para obter vantagens pessoais para o funcionário e sua família. Por exemplo, quando o diretor da companhia pública

Friedrich Engels

conselhos municipais, os proprietários de moradias insalubres e peri-clitantes estão fortemente representados, direta ou indiretamente, em toda parte. A eleição dos conselhos municipais por pequenos distritos torna os eleitos dependentes dos interesses locais mais mesquinhos e de suas influências; nenhum conselheiro que queira reeleger-se pode atrever-se a votar a favor da aplicação dessa lei em seu distrito. É compreensível, portanto, o grau de aversão com que essa lei foi acolhida quase em toda parte pelas autoridades locais e porque até agora só foi aplicada a casos sumamente escandalosos – e mesmo nestes só porque uma epidemia já grassava, como ocorreu no ano passado em Manchester e Salford com a epidemia de varíola. O apelo ao ministro do Interior até agora só trouxe resultados efetivos em casos como esses, pois o princípio de todo governo *liberal* na Inglaterra é propor leis de reforma social apenas quando forçado pelas circunstâncias e evitar de todas as maneiras possíveis a implementação das leis já existentes. A única importância da lei em questão, como de algumas outras na Inglaterra, é que, nas mãos de um governo que, dominado ou pressionado pelos trabalhadores, queira realmente aplicá-la, ela constituirá uma arma poderosa para abrir brechas na atual situação social.

> Em terceiro lugar – segundo o senhor Sax –, o poder estatal deve tomar todas as providências positivas de que dispõe para remediar da forma mais abrangente possível a escassez de moradia existente.[62]

Ou seja, deve edificar casernas, "verdadeiros edifícios-modelo", para seus "funcionários subalternos e servidores"[63] (mas eles não são trabalhadores!) e "conceder empréstimos a representações comunitárias, sociedades e pessoas físicas, visando à melhoria das moradias

---

Por exemplo, quando o diretor da companhia pública de telégrafos de um país torna-se sócio passivo de uma fábrica de celulose, fornece madeira de seus bosques a essa fábrica e, em seguida, repassa-lhe o fornecimento de papel para os escritórios da companhia de telégrafos, trata-se de um *job* [serviço] bastante modesto, mas muito elucidativo, na medida em que permite uma compreensão perfeita dos princípios da *jobbery* {D4 acrescenta: "o que, aliás, além de notório, era de se esperar de Bismarck"}. [Nota de Engels à edição de 1872-1873.]

[62] Emil Sax, *Die Wohnungszustände*, cit., p. 187.

[63] Ibidem, p. 201.

para as classes trabalhadoras" (p. 203)[64], como acontece na Inglaterra, consoante o *Public Works Loan Act* [Lei de Empréstimos para Obras Públicas][65], e como fez Luís Bonaparte em Paris e Mülhausen. Ocorre que o *Public Works Loan Act* também existe apenas no papel, o governo coloca à disposição dos encarregados no máximo 50 mil libras esterlinas, ou seja, os meios para a construção de no máximo 400 *cottages*, portanto 16 mil *cottages* em 40 anos ou moradias para no máximo 80 mil pessoas – uma gota no oceano! Mesmo supondo que, depois de 20 anos, os recursos da comissão dobrem em função das quitações e, portanto, em 20 anos sejam construídas moradias para mais 40 mil pessoas, isso continua sendo apenas uma gota no oceano. E como os *cottages* têm uma vida útil média de apenas 40 anos, após esses 40 anos as 50 mil ou 100 mil libras líquidas têm de ser empregadas anualmente para repor os *cottages* mais antigos, que se deterioraram. O senhor Sax chama isso, na página 203, de colocar o princípio em prática correta e "irrestritamente"! Assim, admitindo que, mesmo na Inglaterra, o Estado "irrestritamente" não fez quase nada, o senhor Sax conclui seu livro, não sem antes dirigir mais um sermão moral a todos os envolvidos {D4 acrescenta *)}.

Está claro como a luz do sol que o Estado atual não pode nem quer remediar o flagelo da falta de moradias. O Estado nada mais é que a totalidade do poder organizado das classes possuidoras, dos proprietários de terras e dos capitalistas em confronto com as classes espoliadas, os agricultores e os trabalhadores. O que não querem

---

[64] Ibidem, p. 203-4.

[65] "An Act to Enable the Public Works Loan Commissioners to Make Advance Towards the Erection of Dwellings for the Labouring Classes" (18 de maio de 1866), em *A Collection of the Public General Statutes passed in the Twenty-ninth and Thirtieth Years of the Reign of Her Majesty Queen Victoria* (Londres, George Edward Eyre and William Spottiswoode, 1866), p. 281-6.

*) Mais recentemente, nas leis parlamentares inglesas que concedem ao departamento de obras de Londres o direito de expropriação para a construção de novas ruas, de certa forma leva-se em consideração os trabalhadores que são postos na rua desse modo. Inseriu-se uma cláusula determinando que os novos prédios deverão ser apropriados para acolher as classes da população que até então residiam naquele local. Constroem-se, portanto, casernas de aluguel de cinco a seis andares para trabalhadores nos terrenos mais desvalorizados que existem para cumprir a letra da lei. Ainda veremos como se comportará essa instalação bastante insólita para os trabalhadores e totalmente extravagante em meio às velhas condições londrinas.

Friedrich Engels

os capitalistas individuais (e são só eles que estão em questão aqui, dado que, nesse assunto, o proprietário de terras também aparece, em primeira linha, em sua qualidade de capitalista) tampouco quer o seu Estado. Portanto, embora *individualmente* o capitalista lamente a escassez de moradia, dificilmente mexerá um dedo para dissimular mesmo que superficialmente suas consequências mais terríveis, e o capitalista *global*, o Estado, também não fará mais do que isso. Quando muito, tomará providências para que o grau de dissimulação superficial que se tornou usual seja aplicado em toda parte do mesmo modo. Vimos que é exatamente isso que ocorre.

Contudo, pode-se objetar que na Alemanha os burgueses ainda não assumiram o governo, que na Alemanha o Estado ainda é um poder até certo ponto independente, pairando acima da sociedade, e que, justamente por isso, representa os interesses globais da sociedade, e não os de uma classe individual. Um Estado *desse tipo* de fato pode fazer coisas que um Estado burguês não pode; dele se pode esperar, também no campo social, coisas bem diferentes.

É assim que falam os reacionários. Na realidade, porém, também na Alemanha, o Estado, tal como está constituído, é o produto necessário do substrato social do qual se originou. Na Prússia – no momento, a Prússia é determinante –, há, ao lado de uma nobreza proprietária de terras ainda muito poderosa, uma burguesia relativamente jovem e especialmente covarde, que até agora não foi capaz de conquistar nem o domínio político direto, como na França, nem o mais ou menos indireto, como na Inglaterra. Mas, ao lado das duas classes, há um proletariado que se multiplica rapidamente, bastante desenvolvido intelectualmente, e que a cada dia vem se organizando melhor. Encontramos aqui, portanto, ao lado da condição básica da velha monarquia absoluta, a saber, o equilíbrio entre nobreza territorial e burguesia, a condição básica do bonapartismo moderno, a saber, o equilíbrio entre burguesia e proletariado. Mas, tanto na velha monarquia absoluta quanto na moderna monarquia bonapartista, o poder real de governo está nas mãos de uma casta especial de oficiais e funcionários que,

---

Na melhor das hipóteses, porém, dificilmente se poderá acomodar aí um quarto dos trabalhadores que de fato foram expulsos pela nova construção. [Nota de Engels à edição de 1887.]

na Prússia, é constituída em parte por seus próprios quadros, em parte pela baixa nobreza dos morgadios, mais raramente pela alta nobreza e por uma parcela ínfima da burguesia. A autonomia dessa casta que parece situar-se fora e, por assim dizer, acima da sociedade confere ao Estado a aparência de autonomia em relação à sociedade.

A forma de Estado que se desenvolveu na Prússia (e, seguindo seus passos, na nova constituição imperial da Alemanha) como consequência necessária dessas condições sociais contraditórias é a do pseudoconstitucionalismo; essa forma constitui tanto a forma atual de dissolução da velha monarquia absoluta quanto a forma de existência da monarquia bonapartista. Na Prússia, o pseudoconstitucionalismo apenas encobriu e mediou, de 1848 a 1866, a lenta putrefação da monarquia absoluta. Desde 1866 e, principalmente, desde 1870, porém, a revolução das condições sociais e, em consequência, a dissolução do velho Estado estão em andamento diante dos olhos de todos e numa escala que cresce de modo colossal. O rápido desenvolvimento da indústria e principalmente da fraude praticada na bolsa de valores arrastou todas as classes dominantes para o redemoinho da especulação. A corrupção em grande escala, importada da França em 1870, desenvolve-se com uma rapidez inaudita. Strousberg e Péreire tiram o chapéu um para outro. Ministros, generais, príncipes e condes fazem dinheiro com ações, a despeito da suprema astúcia dos judeus da Bolsa, e o Estado reconhece a igualdade entre eles, conferindo massivamente títulos de barão aos judeus da Bolsa. A nobreza rural, por muito tempo industrialmente ativa na fabricação de açúcar de beterraba e na destilação de aguardente, há muito deixou para trás esses {D4 acrescenta: "velhos e"} sólidos tempos e engrossa com seus nomes a lista dos diretores de todas as sociedades por ações sólidas e não sólidas. A burocracia despreza cada vez mais o desfalque do caixa como único meio de melhorar seus proventos; abandona o Estado à sua sorte e sai à caça de postos bem mais rentáveis na administração das empresas industriais; os que ainda permanecem no cargo seguem o exemplo de seus superiores, isto é, especulam com ações ou dão um jeito de "participar" em ferrovias etc. Há razões para supor que até mesmo os tenentes

Friedrich Engels

estão envolvidos em algumas especulações. Em suma, a desagregação de todos os elementos do velho Estado, a transição da monarquia absoluta para a monarquia bonapartista estão em pleno andamento e, na próxima grande crise comercial e industrial, ruirá não só a fraude atual, mas também o velho Estado prussiano {D4 acrescenta *)}.

E pretende-se que esse Estado, cujos elementos não burgueses se aburguesam cada dia mais, resolva "a questão social" ou mesmo só a questão da moradia? Pelo contrário. Em todas as questões econômicas, o Estado prussiano está caindo cada vez mais nas mãos da burguesia; e de quem é a culpa, se desde 1866 a legislação não foi ainda mais adaptada aos interesses da burguesia no campo econômico? Principalmente da própria burguesia que, em primeiro lugar, é demasiado covarde para sustentar energicamente suas exigências e, em segundo lugar, resiste a toda e qualquer concessão, quando ao mesmo tempo essa concessão entrega novas armas na mão do proletariado ameaçador. E quando o poder estatal, isto é, Bismarck, procura organizar para si um proletariado servil, com o intuito de com ele refrear a atividade política da burguesia, em que isso difere do expediente bonapartista necessário e bem conhecido que não o obriga a nada diante dos trabalhadores a não ser a alguns fraseados benevolentes e, quando muito, a um mínimo de auxílio estatal para as sociedades de construção *à la* Luís Bonaparte?

A prova mais cabal do que os trabalhadores podem esperar do Estado prussiano é a utilização dos bilhões franceses que deram um último alento à autonomia da máquina estatal prussiana em relação à sociedade[66]. Por acaso foi usado um táler sequer desses bilhões

---

*) O que ainda hoje, 1886, mantém coeso o Estado prussiano e sua base, a aliança entre latifúndio e capital industrial, é simplesmente o medo do proletariado, que desde 1872 vem crescendo em número e consciência de classe. [Nota de Engels à edição de 1887.]

66 Após a Guerra Franco-Alemã de 1870-1871, o Acordo de Paz de Frankfurt, de 10 de maio de 1871, estipulou, entre outras coisas, que a França deveria pagar uma contribuição no valor de 5 bilhões de francos à Alemanha. Sobre a destinação dessas contribuições, Engels escreveu no prefácio à 2. ed. de *Sobre a questão da moradia*: "a dívida pública foi paga, fortalezas e casernas foram construídas, os estoques de armas e os efetivos militares foram renovados; de uma hora para a outra, o capital disponível, assim como a quantidade de dinheiro em circulação, multiplicaram-se enormemente, e isso bem na época em que a Alemanha estreou no palco mundial não só como 'reino unido', mas também como grande país industrial. Os bilhões

Sobre a questão da moradia

para proporcionar um teto para as famílias de trabalhadores berlinenses jogadas no olho da rua? Pelo contrário. Quando chegou o outono, o próprio Estado se encarregou de demolir os barracos miseráveis que lhes serviram de abrigo improvisado no verão[67]. Os 5 bilhões seguem lépidos e faceiros o rumo costumeiro, sendo gastos em fortalezas, canhões e soldados; e, apesar de Wagner da Piada sem Graça[68], apesar das conferências com a Áustria ao estilo Stieber[69], desses bilhões não sobrará para os trabalhadores alemães nem mesmo o equivalente ao que Luís Bonaparte gastou com os trabalhadores franceses dos milhões que roubou da França.

---

de francos conferiram à jovem grande indústria um impulso poderoso; foram sobretudo eles que fizeram deslanchar o breve e ilusório período de prosperidade após a guerra, seguido, pouco depois, em 1873-1874, da grande quebradeira que levou a Alemanha a consolidar-se como país industrial capaz de atuar no mercado mundial" (Friedrich Engels, *Zur Wohnungsfrage*, separata de *Der Volksstaat* de 1872, 2. ed. rev., Hottingen-Zurique, Volksbuchhandlung, 1887, p. 3). [Ver acima p. 25.]

[67] Já nos meses de julho e agosto de 1872, as autoridades berlinenses haviam começado a demolir as aglomerações de barracos dos sem-teto. Na noite de 19 para 20 de setembro de 1872, a polícia derrubou os últimos abrigos desse tipo. É possível que Engels tenha se inteirado desses acontecimentos por meio de reportagem do jornal *Neuer Social-Demokrat* [O novo social-democrata] (*Neuer Social-Demokrat*, Berlim, n. 100, 30 de agosto de 1872, p. 3; n. 101, 1º de setembro de 1872, p. 3; n. 110, 22 de setembro de 1872, p. 4).

[68] O economista vulgar burguês Adolph Wagner declarara que a reanimação da conjuntura socioeconômica na Alemanha após a Guerra Franco-Alemã, especialmente como resultado da contribuição de 5 bilhões imposta à França, havia levado a uma considerável melhora da situação das massas trabalhadoras. (Ver Adolph Wagner, *Rede über die sociale Frage*, Berlim, Wiegandt & Grieben, 1872, p. 55-8.)

[69] Em agosto e setembro de 1871, ocorreram em Bad Gastein, Ischl e Salzburg as negociações austro-prussianas entre os imperadores Guilherme I e Francisco José, bem como entre seus chanceleres Otto von Bismarck e Friedrich Ferdinand, conde de Beust. Sob a impressão da Comuna da Paris, que havia demonstrado a força da classe trabalhadora, Bismarck e Beust concordaram em tomar medidas conjuntas para combater a social-democracia. Bismarck defendia conter o movimento dos trabalhadores mediante repressão policial e corrupção política. (Por isso provavelmente é que Engels designou as reuniões com o nome do ex-chefe da polícia política prussiana, Wilhelm Stieber.) Os dois lados concordaram em submeter a questão dos trabalhadores a uma comissão de especialistas e realizar conferências em conjunto sobre o tema. Uma dessas conferências foi realizada de 7 a 29 de novembro de 1872, em Berlim. Ela tratou de um amplo leque de temas sobre a questão social, entre os quais a questão da moradia, e em especial a situação das grandes cidades, teve sua importância. Essa conferência foi antecedida de conferências preliminares de ambas as partes em Berlim, em 1º de setembro e 26 de novembro de 1871.

Friedrich Engels

III

Na realidade, a burguesia só tem um método para resolver a questão da moradia do *seu* jeito – isto é, resolvê-la de tal maneira que a solução sempre volta a suscitar o problema. Esse método se chama *"Haussmann"*.

Entendo por "Haussmann" aqui não só o jeito especificamente bonapartista do Haussmann parisiense, ou seja, o de abrir ruas retas, longas e largas através da aglomeração de casas dos bairros de trabalhadores e cercá-las de ambos os lados de prédios luxuosos, procurando atingir, ao lado da meta estratégica de dificultar a luta de barricadas, o objetivo de formar um proletariado da construção civil especificamente bonapartista e dependente do governo, além de conferir um aspecto luxuoso à cidade. Entendo por "Haussmann" a práxis generalizada de abrir brechas nos distritos dos trabalhadores, em especial nos distritos localizados no centro de nossas grandes cidades, quer tenha sido motivada por considerações de saúde pública e embelezamento, pela demanda por grandes conjuntos comerciais localizados no centro ou pela necessidade de circulação, como a instalação de ferrovias, ruas etc. O resultado em toda parte é o mesmo, não importa qual seja o motivo alegado: as vielas e os becos mais escandalosos desaparecem sob a enorme autoglorificação da burguesia em virtude de tão retumbante êxito, mas reaparecem imediatamente em outro lugar e muitas vezes na vizinhança mais próxima.

Em *A situação da classe trabalhadora na Inglaterra* fiz uma descrição da cidade de Manchester nos anos 1843 e 1844[70]. Desde então, alguns dos piores distritos ali descritos foram cortados, expostos e melhorados pela instalação de ferrovias que atravessam a cidade, pela construção de novas ruas, pela edificação de grandes prédios públicos e privados; outros distritos foram totalmente eliminados; mas – embora a vigilância sanitária tenha se tornado mais rigorosa desde aquela época – muitos distritos ainda se encontram na mesma situação ou numa situação pior do que a de antes no tocante às

---

[70] Friedrich Engels, *Die Lage der arbeitenden Klasse*, cit., p. 62-88 [ed. bras.: *A situação da classe trabalhadora na Inglaterra*, cit., p. 88s].

Sobre a questão da moradia

edificações. Graças à enorme expansão da cidade, cuja população cresceu em mais da metade desde então, distritos que antes ainda eram ventilados e asseados encontram-se agora tão aglomerados, tão sujos e cheios de gente quanto os bairros mais mal-afamados daquela época. Basta um exemplo: em meu livro, descrevo nas páginas 80 e seguintes* um agrupamento de casas situado no vale do rio Medlock, batizado de Pequena Irlanda (*Little Ireland*), que durante anos foi a vergonha de Manchester. A Pequena Irlanda desapareceu há muito tempo; em seu lugar, ergue-se agora sobre uma base elevada uma estação de trem; a burguesia destacou ostensivamente o êxito da eliminação definitiva da Pequena Irlanda como se tivesse sido um grande triunfo. Ora, no verão passado houve uma grave inundação, como ocorre em geral com os rios represados de nossas grandes cidades, que por razões facilmente explicáveis vêm provocando ano após ano inundações cada vez maiores. Descobriu-se, então, que a Pequena Irlanda não havia sido eliminada, mas apenas transferida da banda sul para a banda norte da Oxford Road, e que ela ainda florescia. Ouçamos o que diz a edição de 20 de julho de 1872 do *Manchester Weekly Times*, órgão dos burgueses radicais de Manchester:

> Tomara que a tragédia que se abateu sobre os moradores da várzea do rio Medlock no sábado passado tenha *uma* consequência positiva: que a atenção pública seja atraída para o escárnio descarado com que são tratadas todas as leis sanitárias e que há tanto tempo vem sendo tolerado naquela região, debaixo do nariz dos funcionários municipais e do comitê de saúde municipal. Um enérgico artigo de nossa edição de ontem revelou, em termos ainda bastante amenos, a condição aviltante de algumas moradias nos porões da Charles Street e da Brook Street, que foram atingidas pela inundação. Um exame detido de uma das propriedades mencionadas no artigo de ontem nos permite confirmar todas as informações nele prestadas e declarar que os porões que servem de moradia nessa propriedade há muito já deveriam ter sido lacrados, ou melhor, jamais deveriam ter sido aceitos como moradias para seres humanos. A Squire's Court é formada por sete ou oito blocos residenciais na esquina da Charles Street com a Brook Street; o passan-

---

*   Ed. bras.: *A situação da classe trabalhadora na Inglaterra*, cit., p. 102s. (N. T.)

Friedrich Engels

te pode transitar por ali diariamente, inclusive na parte mais baixa da Brook Street que cruza por baixo do viaduto da ferrovia, sem se dar conta de que há seres humanos residindo em cavernas sob seus pés. A propriedade está oculta ao olhar do público e só é acessível a quem é forçado pela miséria a procurar abrigo em seu isolamento tumular. Mesmo quando as águas geralmente estagnadas e represadas do Medlock não ultrapassam seu nível normal, o chão dessas moradias fica provavelmente apenas algumas polegadas acima de sua superfície: qualquer chuvarada mais forte é capaz de fazer subir a água podre e nauseante pelos canais de esgoto e escoadouros e envenenar as moradias com os gases pestilentos que toda inundação costuma deixar de lembrança. [...] O nível em que se encontra a Squire's Court é ainda mais baixo do que o dos porões desabitados das casas situadas na Brook Street [...] vinte pés abaixo do nível da rua; a água pestilenta que subiu pelos canais de esgoto no sábado chegou ao teto das habitações. Sabíamos disso e, em consequência, esperávamos encontrar a propriedade desabitada ou ocupada apenas pelos funcionários do comitê de saúde na tarefa de lavar e desinfetar as paredes fétidas. Em vez disso, presenciamos, no porão que servia de moradia a um barbeiro [...], um homem munido de uma pá enchendo um carrinho de mão com o lixo podre amontoado num canto. O barbeiro, cujo porão já estava razoavelmente asseado, mandou que descêssemos ainda mais até um bloco de moradias, dizendo que, se soubesse, escreveria à imprensa para insistir que fossem lacradas. Foi assim que, por fim, chegamos à Squire's Court, onde encontramos uma bela irlandesa de aparência saudável lavando roupa. Ela e seu esposo, um vigia noturno, moravam havia seis anos na propriedade e tinham família numerosa. [...] Na casa que acabavam de deixar, a água da enchente subiu até perto do teto, as vidraças se quebraram, os móveis viraram um monte de escombros. Ele disse que o morador só tinha conseguido manter o mau cheiro da casa num nível suportável porque caiava as paredes a cada dois meses. [...] Só então nosso repórter conseguiu penetrar na área interna da propriedade, encontrando ali três casas com as paredes dos fundos encostadas nas casas descritas acima, duas das quais habitadas. Ali o fedor era tão repugnante que até a pessoa mais saudável ficava enjoada depois de alguns minutos. [...] Esse buraco repulsivo era habitado por uma família de sete pessoas, e todas dormiram na casa na quinta-feira à noite [dia da primeira inundação]. Ou melhor, como se corrigiu a mulher, não dormiram, porque ela e o marido passaram boa parte da noite vomitando por causa do fedor. No sábado, tiveram

Sobre a questão da moradia

de carregar as crianças para fora, vadeando com água na altura do peito. A mulher também achava que o buraco era ruim demais até para um porco, mas por causa do aluguel barato – 1 ½ xelim (15 centavos) por semana – ela havia aceitado, porque, nos últimos tempos, seu marido muitas vezes não conseguia ganhar nada em razão de uma enfermidade. Essa propriedade e seus moradores, nela encerrados como num túmulo prematuro, deixam no observador a impressão de uma extrema impotência. Aliás, devemos dizer que, pelas observações que fizemos, a Squire's Court é apenas um retrato – talvez exagerado – de várias outras localidades daquela região, cuja existência nosso comitê de saúde não pode legitimar. E se for permitido que essas localidades continuem a ser habitadas, o comitê tomará para si uma responsabilidade e a vizinhança correrá um risco de epidemias contagiosas cuja gravidade não queremos continuar examinando aqui.[71]

---

[71]   "The Floods in the Medlock", *The Manchester Weekly Times*, n. 763, 20 de julho de 1872, p. 5: *"The one good result which we may hope to obtain from the calamity which befell the inhabitants of the property built on the low lying ground near the banks of the Medlock on Saturday last, is that public attention will be concentrated on the palpable violation of sanitary laws which has been permitted so long to exist under the noses of the Corporation officers and the sanitary committee of the City Council. A correspondent in yesterday's paper, in a pithy letter, indicated only too feebly the shameful condition of some of the cellar dwelling houses in the neighbourhood of Charles-street and Brook-street, which were inundated by the flood. A minute investigation of one of the courts named in our correspondent's letter, which was made yesterday by our reporter, enables us fully to confirm all his Statements, and to endorse his opinion that the cellar dwellings contained in it ought to have been closed long ago, or rather that their habitation ought never to have been allowed. Squire's Court consists of a group of seven or eight dwelling houses at the junction of Charles-street and Brook-street, over which the passenger, who reached the lowest step in the dip of Brookstreet under the railway arches, may pass daily, unconscious of the knowledge that human beings burrow in the depths beneath him. It is hidden from public view, and is only accessible to those whom misery compels to seek a shelter in its grave-like seclusion. Even when the ordinary sluggish weir-pent waters of the Medlock are at their ordinary height, the floors of these dwellings can only be a few inches above their level, and are liable after any heavy shower to have their 'soughs' or drainpipes surcharged with filthy water and their dwellings poisoned by the pestiferous vapours which flood water invariably leaves as its Souvenir. [...] Squire's Court lies at even a lower level than these cellars [...] 20 feet below the level of the street, and the foul water forced up the 'soughs' by the rising flood in the river on Saturday reached to the roofs. Knowing so much as this, we had expected on our visit yesterday to find the court deserted, or occupied only by the officers of the health committee, engaged in flushing the faetid walls and distributing disinfectants. The only thing we did observe, [...] was a labouring man engaged, under the superintendence of a tenant (who had been so far fortunate that he possessed an upper storey to his cellar dwelling, in which he officiates as a barber, and carries on a miscellaneous business), in digging into a heap of mud and putrid matter collected in a corner, from which he was filling a wheelbarrow. [...] The barber's cellar had been pretty well set to rights, but he directed us to a lower depth, where were a series of dwellings, regarding which he said if he were a scholar he should write to the newspapers, insisting that they should be shut up. Guided at last to Squire's Court proper, we found a buxom and healthy-looking Irishwoman busily engaged in*

Friedrich Engels

Este é um exemplo contundente de como a burguesia resolve a questão da moradia na prática. Os focos de epidemias, as covas e os buracos mais infames em que o modo de produção capitalista trancafia nossos trabalhadores noite após noite não são eliminados, mas apenas *transferidos para outro lugar*! A mesma necessidade econômica que os gerou no primeiro local também os gerará no segundo. E, enquanto existir o modo de produção capitalista, será loucura querer resolver isoladamente a questão da moradia ou qualquer outra questão social que afete o destino dos trabalhadores. A solução está antes na abolição do modo de produção capitalista, na apropriação de todos os meios de vida e trabalho pela própria classe trabalhadora.

---

her washtub. With her husband, a night watchman, she had lived in the court for six years, and had brought up a large family. [...] Inside the house the water-mark had risen to within a few inches of the roof, the Windows had been broken in, the furniture remaining in the house was a confused heap of broken and sodden timber. [...] The tenant said that he had kept the place sweet by whitewashing its damp walls once in two months. [...] This discovery made, our reporter on entering found three houses standing back to back, with those in the outer square. Two of these were occupied. The smell arising from them was so sickening that a few minutes' stay within their faetid portals was sufficient to upset the stomach of a healthy man [...] this dismal dwelling place was occupied by a family of seven in all, everyone of whom had slept in the house on Thursday night. The woman who gave our reporter this information instantly corrected herself. Neither she nor her husband had slept at all. They had lain on the bare boards, but the smell of the place was so offensive that they had been vomiting during a great part of the night. [...] On Saturday she [...] had been obliged to wade breast-high through the flood, bearing two children in her arms, [...]. She agreed that the place was not fit for a pig to live in, but had been induced against her will to accept it, because of the cheapness of the rent (only ls. 6d. a week), and because her husband, a labourer, had of late been much out of work through illness. The reflections raised in one's mind by the contemplation of this wretched court, and the poor creatures whom poverty has forced into it as into a premature grave, is one of almost utter hopelessness. [...] In the public interest, how-ever, we are forced to say a word. Observation during the past few days assures us that Squire's Court is a type, though perhaps an extreme one, of many other places in the neighbourhood which it is a reflection upon the health committee to have permitted so long to exist; if their further occupation under existing circumstances be allowed, the committee will incur a responsibility and the neighbourhood a danger of infectious visitation the seriousness of which we have no desire to prognosticate".

[III]

Adendo sobre Proudhon e a questão da moradia

I

No número 86 do jornal *Der Volksstaat*, A. Mülberger se identifica como autor dos artigos criticados por mim nos números 51 e seguintes do mesmo jornal[1]. Em sua resposta, ele me cumula com tal quantidade de acusações e, ao fazer isso, distorce de tal maneira os pontos de vista em questão que, querendo ou não, preciso dar a minha réplica. Tentarei emprestar à minha resposta, que para meu pesar deverá girar em grande parte em torno da polêmica pessoal a que me força Mülberger, um interesse geral, explicitando mais uma vez e, quando possível, com mais clareza os pontos que de fato são importantes, mesmo correndo o risco de que Mülberger mais uma vez me dê a entender que tudo isso "não contém em essência nada de novo, nem para ele nem para os demais leitores do jornal *Der Volksstaat*"[2].

Mülberger se queixa da forma e do conteúdo de minha crítica. No tocante à forma, basta responder que, naquele momento, eu nem sabia quem era o autor dos artigos em questão. Não se pode falar, portanto, de "preconceito" pessoal contra ele; contra a solução para a questão da moradia desenvolvida nos artigos, no entanto, meu "preconceito" se resume ao fato de conhecê-la há tempos a partir de Proudhon e já ter opinião formada sobre ela.

---

[1] Arthur Mülberger, "Zur Wohnungsfrage (Antwort an Friedrich Engels)", *Der Volksstaat*, Leipzig, n. 86, 26 de outubro de 1872, p. 1-3.

[2] Ibidem, p. 1.

Sobre o "tom" de minha crítica, não quero brigar com o amigo Mülberger. Quem participou tanto tempo do movimento como eu adquire uma casca bastante grossa contra os ataques e pressupõe com facilidade que os outros tenham uma igual. Para reparar o dano causado a Mülberger, desta vez procurarei compatibilizar meu "tom" com a sensibilidade de sua *epidermis* (epiderme).

Mülberger se queixa com especial amargor de eu tê-lo chamado de proudhonista e assegura que não é. Naturalmente, devo lhe dar crédito, mas provarei que os artigos em questão – e foi só deles que me ocupei – nada contêm além do mais puro proudhonismo.

Segundo Mülberger, porém, minha crítica a Proudhon também seria "leviana" e eu estaria cometendo uma grave injustiça contra ele: "A teoria do pequeno-burguês Proudhon tornou-se um dogma estabelecido entre nós na Alemanha, que muitos chegam a proclamar sem jamais ter lido sequer uma linha escrita por ele"[3]. Quando deploro que os trabalhadores de fala românica há vinte anos não têm outro alimento espiritual além das obras de Proudhon, Mülberger responde que, entre os trabalhadores de fala românica, "os princípios, como foram formulados por Proudhon, constituem quase em toda parte a força motriz do movimento"[4]. Devo contestá-lo. Em primeiro lugar, a "força motriz" do movimento dos trabalhadores não está em lugar nenhum nos "princípios", mas está em toda parte no desenvolvimento da grande indústria e seus efeitos, a saber, a acumulação e a concentração do capital, de um lado, e do proletariado, do outro. Em segundo lugar, não é correto dizer que os assim chamados "princípios" proudhonianos desempenhem entre os românicos o papel decisivo que M. {D4: Mülberger} lhes atribui ou que os "princípios da anarquia, da *organisation des forces économiques* [organização das forças econômicas], da *liquidation sociale* [liquidação social] etc. [...] se tornaram os verdadeiros agentes do movimento revolucionário"[5]. Da Espanha e da Itália nem se fala, pois ali as panaceias proudhonistas só tiveram alguma influência sob a forma ainda mais descaracterizada por Bakunin; é fato notório para quem conhece o

---

[3] Idem.

[4] Idem.

[5] Idem.

Sobre a questão da moradia

movimento internacional dos trabalhadores que, na França, os proudhonistas constituem uma seita pouco numerosa, ao passo que a massa dos trabalhadores não quer nem saber do plano de reforma social esboçado por Proudhon sob o título de *Liquidation sociale* e *Organisation des forces économiques*[6]. Isso ficou evidente, entre outros, durante a Comuna. Embora os proudhonistas estivessem fortemente representados nela, não houve a menor tentativa de liquidar a velha sociedade e organizar as forças econômicas de acordo com as propostas de Proudhon. Pelo contrário. A Comuna merece máximo louvor porque, em todas as medidas econômicas que tomou, sua "força motriz" não foram princípios quaisquer, mas a simples necessidade prática[7]. Foi por isso que essas medidas – a abolição do trabalho noturno dos padeiros[8], a proibição das multas em dinheiro nos regulamentos das fábricas[9] {D4 substitui "nos regulamentos das fábricas" por "nas fábricas"}, o confisco de fábricas e oficinas desativadas e

---

[6] Engels se refere ao seguinte escrito de Proudhon: *Idée générale de la révolution au XIXᵉ siècle* (cit.), que havia sido publicado em Paris em 1851. A nova edição da obra (1868) estava na biblioteca de Engels e o exemplar contém anotações na margem e destaques no corpo do texto. Proudhon explicita seu plano de reforma social na seção 5: "Liquidation sociale" (p. 177-214) e na seção 6: "Organisation des forces économiques" (p. 235-52).

[7] Na mensagem do Conselho Geral da Associação Internacional dos Trabalhadores, intitulada *The Civil War in France* [A guerra civil na França], Marx faz uma apreciação das medidas sociais tomadas pela Comuna, que já indicavam em que direção um governo do povo exerceria seu poder. Marx escreveu: *"The great social measure of the Commune was its own working existence. Its special measures could but betoken the tendency of a government of the people by the people* [A grande medida social da Comuna foi sua própria existência produtiva. Suas medidas especiais não podiam senão exprimir a tendência de um governo do povo pelo povo]" (MEGA-2 I/22, p. 146 [ed. bras.: *A guerra civil na França*, cit., p. 64]). Em sua introdução ao ensaio de Marx *Der Bürgerkrieg in Frankreich* (Berlim, Vorwärts, 1891), Engels constatou que os decretos da Comuna, como Marx havia demonstrado em seu trabalho, ajudaram a criar uma organização que "acabaria por conduzir ao comunismo, ao oposto direto, portanto, da doutrina proudhoniana. E por isso a Comuna foi, igualmente, o túmulo da escola socialista proudhoniana" (Friedrich Engels, "Einleitung", em [Karl Marx,] *Der Bürgerkrieg in Frankreich*, cit., p. 11 [ed. bras.: *A guerra civil na França*, cit., p. 195]).

[8] Ver ["Arrêté sur la suppression du travail de nuit dans les boulangeries, Paris, 20 de abril 1871",] *L'Avant-Garde*, Paris, n. 451, 22 de abril de 1871, p. 2.

[9] Ver ["Arrêté sur l'abolition des amendes ou retenues sur les salaires, Paris, 27 de abril de 1871",] *Journal officiel de la République française*, Paris, n. 119, 29 de abril de 1871, p. 269.

Friedrich Engels

sua cessão a associações de trabalhadores[10] – não corresponderam nem um pouco ao espírito de Proudhon, mas certamente ao do socialismo científico alemão. A única medida social imposta pelos proudhonistas foi *não* confiscar o Banco da França, que em parte foi responsável pelo fim da Comuna[11]. Da mesma forma, quando os assim chamados blanquistas tentaram converter-se de revolucionários meramente políticos em fração trabalhadora socialista com um programa bem determinado – como sucedeu aos refugiados blanquistas em Londres em seu manifesto *Internationale et Révolution* [A Internacional e a revolução] –, eles não proclamaram os "princípios" do plano proudhoniano de salvação da sociedade, mas quase literalmente as concepções do socialismo científico alemão a respeito da necessidade da ação política do proletariado e de sua ditadura como transição para a abolição das classes e, com estas, do Estado – na forma já enunciada inúmeras vezes desde o *Manifesto Comunista*[12]. E se Mülberger deduz do menosprezo dos alemães por Proudhon uma falta de compreensão do movimento românico "até a Comuna

---

[10] Ver ["Decret sur les ateliers abandonnés, Paris, 16 de abril de 1871", em] *Journal Officiel de la République Française*, Paris, n. 107, 17 de abril de 1871, p. 245.

[11] Os integrantes da Comissão das Finanças do Conselho da Comuna eram Victor Clément, Louis Eugène Varlin, François (também Francis) Jourde, Charles Victor Beslay e Dominique Théodor Régère de Montmore. O proudhonista Beslay, na condição de delegado da Comuna no *Banco da França*, opôs-se a sua nacionalização.

A grande importância que Marx atribuiu a tal medida transparece em sua carta a Ferdinand Domela Nieuwenhuis, de 22 de fevereiro de 1881: "Só a apropriação do *Banque de France* teria posto um fim clamoroso à fanfarrice de Versalhes, etc. etc.".

Em sua introdução a *Guerra Civil na França*, de Marx, Engels pronunciou-se novamente sobre a omissão de confisco do Banco da França: "O mais difícil de entender é, decerto, o respeito sagrado com que se permaneceu respeitosamente diante das portas do Banco da França. Esse foi também um terrível erro político. O banco nas mãos da Comuna – isso valia mais do que 10 mil reféns. Isso significaria a pressão de toda a burguesia francesa sobre o governo de Versalhes em favor da paz com a Comuna" (Friedrich Engels, "Einleitung", cit., p. 10 [ed. bras.: *A guerra civil na França*, cit., p. 194].)

[12] Ver *Internationale et Révolution. À propos du Congrès de La Haye par des Réfugiés de la Commune, ex-membres du Conseil Général de l'Internationale* (Londres, Graag & Cie, 1872), [assinado por:] Ant. Arnaud. – F. Cournet. – Margueritte. – Constant-Martin. – G. Ranvier. – E. Vaillant. A assinatura de Ranvier foi posta no documento sem a sua anuência (ver carta de Eugène Dupont a Marx em 6 de novembro de 1872. – Carta de Engels a Friedrich Adolph Sorge em 16 de novembro de 1872).

Sobre a questão da moradia

de Paris"[13] por parte deles, então que ele a prove, que mencione um escrito românico que tenha compreendido e descrito a Comuna de modo quase tão correto como fez o alemão Marx na *Mensagem do Conselho Geral da Internacional sobre a Guerra Civil na França*.

O único país em que o movimento dos trabalhadores se encontra sob a influência direta dos "princípios" proudhonianos é a Bélgica, e é justamente por isso que o movimento belga, como diria Hegel, vai "do nada para o nada, passando pelo nada"[14].

Se considero uma desgraça que, nos últimos vinte anos, os trabalhadores de fala românica tenham se nutrido espiritualmente, direta ou indiretamente, só de Proudhon, não é por causa do predomínio totalmente mítico da receita reformista proudhoniana – aquilo que M. {D4: Mülberger} chama de "princípios" –, mas porque sua crítica econômica da sociedade vigente foi contaminada por formulações proudhonianas equivocadas e sua ação política foi arruinada pela influência proudhonista[15]. Depois disso, só poderemos responder à questão se os "trabalhadores românicos proudhonizados estão mais na revolução"[16] do que os trabalhadores alemães, que em todo caso compreendem infinitamente melhor o socialismo científico alemão do que os românicos o seu Proudhon, quando soubermos o que significa *"estar* na revolução"[17]. Já ouvimos falar de pessoas que "estão no cristianismo, na fé verdadeira, na graça de Deus" etc. Mas "estar" na revolução, "estar" no mais violento dos movimentos? Porventura "a revolução" é uma religião dogmática, na qual temos de crer?

---

[13] Arthur Mülberger, "Zur Wohnungsfrage (Antwort an Friedrich Engels)", cit., p. 1.

[14] Georg Wilhelm Friedrich Hegel, *Wissenschaft der Logik* [Ciência da lógica] (ed. Leopold von Henning, Berlim, Duncker und Humblot, 1834), parte 1, seção 2 (*Werke. Vollständige Ausgabe durch einen Verein von Freunden des Verewigten*, ed. P. Marheineke *et. al.*, v. 4.), p. 15, 75 e 145.

[15] Já em 9 de outubro de 1866, Marx escreveu a Louis Kugelmann, fazendo referência às discussões ocorridas na IAA [Associação Internacional dos Trabalhadores], que Proudhon teria provocado um enorme estrago no movimento dos trabalhadores franceses. Segundo ele, desprezava-se em Paris "toda a ação *revolucionária*, isto é, originária da própria luta de classes, todo movimento concentrado, social e, portanto, passível de imposição por meios políticos (por exemplo, redução da jornada de trabalho *por força de lei*)" e pregava-se "a economia burguesa ordinária, apenas idealizada ao jeito proudhonista!".

[16] Arthur Mülberger, "Zur Wohnungsfrage (Antwort an Friedrich Engels)", cit., p. 1.

[17] Idem.

Friedrich Engels

Além disso, Mülberger me acusa de ter afirmado, contrariando o teor literal de seu trabalho, que ele declara a questão da moradia como uma questão exclusivamente dos trabalhadores.

Nesse ponto, Mülberger de fato tem razão. Passei por alto pelo trecho correspondente. Foi uma irresponsabilidade de minha parte, pois se trata de uma das passagens mais características de toda a tendência de seu tratado. Realmente Mülberger diz sem floreios:

> Dado que com tanta frequência e intensidade nos é dirigida a crítica *ridícula* de que estamos fazendo *política classista*, que almejamos uma *dominação classista* e outras coisas do gênero, enfatizamos em primeiro lugar e expressamente que a questão da moradia de modo algum diz respeito exclusivamente ao proletariado, *pelo contrário* – ela interessa *sobremaneira à classe média propriamente dita*, à pequena indústria, à pequena burguesia, à burocracia como um todo [...] a questão da moradia é exatamente aquele ponto das reformas sociais que, mais do que todos os demais, parece apropriado para revelar a *absoluta identidade interna dos interesses do proletariado*, de um lado, e *das classes médias propriamente ditas* da sociedade, de outro. As classes médias sofrem tanto quanto o proletariado, *talvez até mais* do que ele, sob os grilhões opressivos da moradia de aluguel. [...] As classes médias propriamente ditas da sociedade confrontam-se hoje com a questão se [...] terão forças suficientes [...] para, em aliança com o partido viçoso e cheio de energia dos trabalhadores, interferir no processo de transformação da sociedade, *que trará benefícios acima de tudo exatamente para elas.*[18]

O amigo Mülberger constata aqui, portanto, o seguinte:

1) "Nós" não fazemos "política classista" nem almejamos uma "dominação classista". Entretanto, o Partido dos Trabalhadores Social--Democrata da Alemanha, justamente por ser um *partido de trabalhadores*,

---

[18] Texto presumivelmente utilizado: Arthur Mülberger, *Die Wohnungsfrage. Eine sociale Skizze* (separata de *Der Volksstaat*, Leipzig, 1872), p. 6-7. – A separata foi publicada por volta do início de maio de 1872 (ver anúncio em *Der Volksstaat*, n. 36, 4 de maio de 1872, p. 4). Em carta de 10 de março de 1873, Paul Stumpf indicou a Engels que ele teria, a seu tempo, provocado a edição da série de artigos de Mülberger em forma de brochura. Grifos de Engels.

necessariamente faz "política classista", a política da classe trabalhadora. Dado que todo partido político tem em mira conquistar o domínio no Estado, o Partido dos Trabalhadores Social-Democrata da Alemanha almeja necessariamente *seu* domínio, o domínio da classe trabalhadora e, portanto, uma "dominação classista". Aliás, *todo* partido realmente proletário, a começar pelos cartistas ingleses[19], sempre promoveu a política classista, tendo como condição primeira a organização do proletariado como partido político autônomo e a ditadura do proletariado como objetivo imediato da luta. Ao dizer que isso é "ridículo", Mülberger se exclui do movimento proletário e ingressa nas fileiras do socialismo pequeno-burguês.

2) A questão da moradia tem a vantagem de não ser uma questão exclusiva dos trabalhadores, mas "interessar sobremaneira" à pequena burguesia, já que as "classes médias propriamente ditas sofrem tanto quanto o proletariado, talvez até mais do que ele" por causa desse problema. Quando alguém declara que a pequena burguesia sofre, mesmo que seja num só aspecto, "talvez até mais do que o proletariado", ele decerto não poderá se queixar de ser

---

[19] Os adeptos do cartismo, um movimento político do proletariado inglês das décadas de 1830 a 1850, lutavam pela concretização da *People's Charter* [Carta do Povo], que foi publicada em 5 de maio de 1832 como projeto de lei a ser apresentado ao Parlamento pela *London Working Men's Association* [Associação dos Trabalhadores de Londres]. A *People's Charter* surgiu inicialmente como resultado do primeiro *Reform Act* [Lei de Reforma] de 1832, que excluía os trabalhadores do direito de sufrágio e deu nome ao movimento de massa que se desenvolveu depois. No projeto de lei (*A Law for Equally Representing the People of Great Britain and Ireland* [Lei em favor da Representação Igualitária do Povo da Grã-Bretanha e da Irlanda]), as reivindicações para uma reconfiguração democrática das relações políticas da Inglaterra foram sintetizadas em seis pontos: direito de sufrágio universal (para homens a partir de 21 anos), votação secreta, equilíbrio dos distritos eleitorais, renovação anual do Parlamento, eliminação do censo patrimonial para os candidatos às eleições parlamentares, diárias para os representantes eleitos. A luta pela imposição da *People's Charter* foi associada a exigências sociais por amplas parcelas da classe trabalhadora, ao passo que os burgueses radicais que integravam o movimento viam a imposição da carta como objetivo último. Em julho de 1340, os cartistas se constituíram na *National Charter Association* [Associação Cartista Nacional], que Engels caracterizou como "partido expressamente proletário" e "primeiro grande partido dos trabalhadores" (carta de Engels a Piotr Lavrovitch Lavrov, de 20 de outubro de 1885). Os cartistas fizeram três petições ao Parlamento (1839, 1842 e 1849) pela adoção da lei.

Friedrich Engels

incluído no rol dos socialistas pequeno-burgueses. Portanto, que motivo de insatisfação teria Mülberger quando eu digo:

> É preferencialmente com esses sofrimentos, os quais a classe trabalhadora compartilha com outras classes, sobretudo com a pequena burguesia, que o socialismo pequeno-burguês, ao qual pertence também Proudhon, gosta de se ocupar. Assim, não é por acaso que o nosso proudhonista alemão se apossa, antes de tudo, da questão da moradia, que, como vimos, de modo algum é uma questão exclusiva dos trabalhadores.[20]

3) Entre os interesses das "classes médias propriamente ditas da sociedade" e os do proletariado há uma "absoluta identidade interna", e não será o proletariado, mas serão "acima de tudo exatamente" as classes médias propriamente ditas que colherão os "benefícios" do processo iminente de transformação da sociedade.

Portanto, os trabalhadores farão a iminente revolução social "acima de tudo exatamente" no interesse dos pequeno-burgueses. E, de resto, há uma absoluta identidade interna entre os interesses dos pequeno-burgueses e os do proletariado. Se os interesses dos pequeno-burgueses são internamente idênticos aos dos trabalhadores, então os dos trabalhadores o são também com os dos pequeno-burgueses. Dentro do movimento, portanto, o ponto de vista pequeno-burguês goza dos mesmos direitos do ponto de vista proletário. E a afirmação dessa igualdade de direitos é justamente o que chamamos de socialismo pequeno-burguês.

Por conseguinte, é totalmente coerente da parte de Mülberger quando ele, na página 25 da separata, celebra a "pequena indústria" como o "*sustentáculo* propriamente dito da sociedade", "porque ela, por sua disposição original {D4 substitui "original" por "propriamente dita"}, reúne em si estes três fatores, trabalho-aquisição-posse, e porque, na reunião desses três fatores, não coloca nenhum tipo de obstáculo à capacidade de desenvolvimento do indivíduo"; ele é coerente também quando acusa a indústria moderna de ter aniquilado em especial esse viveiro de pessoas normais e "ter transformado uma

---

[20] Ver p. 40 deste volume.

classe cheia de vida e em constante renovação num *ajuntamento* de gente sem consciência, que não sabe para onde dirigir seu olhar amedrontado"[21]. O pequeno-burguês é, portanto, o homem-modelo de Mülberger, e a pequena indústria é seu modo de produção-padrão. Em vista disso, eu por acaso o difamei por remetê-lo às fileiras dos socialistas pequeno-burgueses?

Visto que Mülberger rejeita assumir qualquer responsabilidade por Proudhon, seria supérfluo continuar tratando aqui como os planos de reforma de Proudhon visam transformar todos os membros da sociedade em pequeno-burgueses e pequenos agricultores. Tampouco será necessário abordar a suposta identidade entre os interesses dos pequeno-burgueses e os dos trabalhadores. O necessário já se encontra no *Manifesto Comunista* (edição de Leipzig, 1872, p. 12 e 21)*.

O resultado de nossa investigação, portanto, é este: à "saga do pequeno-burguês Proudhon"[22] junta-se a realidade do pequeno-burguês Mülberger. –

II

Chegamos agora a um dos pontos principais. Critiquei os artigos de Mülberger por falsificarem as relações econômicas ao modo proudhoniano, traduzindo-as para o modo jurídico de se expressar. Como exemplo, dei destaque à seguinte frase de Mülberger:

> A casa uma vez construída serve de *documento legal perene* que dá direito a uma determinada fração do trabalho social, mesmo que o valor efetivo da casa há muito já tenha sido pago ao seu possuidor na forma de aluguel. É por isso que uma casa construída, por exemplo, há cinquenta anos, durante esse período já cobriu duas, três, cinco, dez etc. vezes seu preço de custo original mediante o ganho proporcionado por seu aluguel.[23]

Mülberger agora se queixa nos seguintes termos:

---

21 Arthur Mülberger, *Die Wohnungsfrage*, cit., p. 25.

* Ed. bras.: *Manifesto Comunista*, cit., p. 49-50, 61-2. (N. T.)

22 Arthur Mülberger, "Zur Wohnungsfrage (Antwort an Friedrich Engels)", cit., p. 1.

23 Ver p. 42 deste volume.

Friedrich Engels

> Essa *constatação simples e sóbria de um fato* leva Engels a recomendar que eu deveria ter explicado *como* a casa se torna "documento legal" – algo totalmente fora do âmbito de minha tarefa. [...] Uma coisa é uma *descrição*, outra bem diferente é uma *explicação*. Quando, de acordo com Proudhon, digo que a vida econômica da sociedade deve estar impregnada de uma *ideia do direito*, estou *descrevendo* a sociedade atual como uma sociedade em que falta não toda e qualquer ideia do direito, mas a *ideia do direito de revolução*, fato que o próprio Engels reconhecerá.[24]

Atenhamo-nos, num primeiro momento, à casa uma vez construída. Quando a casa é alugada, ela traz para o construtor renda fundiária, custos de reparação e lucro sobre o capital investido na construção {D4 substitui "lucro sobre o capital investido na construção" por "juro sobre o capital investido na construção, incluindo o lucro auferido sobre ele"} na forma de aluguel e, conforme as circunstâncias, o valor pago em aluguel pode aos poucos chegar a duas, três, cinco, dez vezes o valor de custo original. Isso, amigo Mülberger, é a "constatação simples e sóbria" do "fato", que é *econômico*; e se quisermos saber como "se dá isso", ou seja, como esse fato chega a existir, temos de empreender a investigação no campo econômico. Examinemos, portanto, o fato mais de perto, para que nem mesmo uma criança continue a entendê-lo mal. Como se sabe, a venda de uma mercadoria consiste em seu possuidor entregar seu valor de uso e embolsar seu valor de troca. Os valores de uso das mercadorias se diferenciam, entre outras coisas, também pelo fato de seu consumo exigir diferentes espaços de tempo. Um pão é consumido em um dia, um par de calças se desgasta em um ano, uma casa, digamos, em cem anos. No caso de mercadorias de longo tempo de desgaste, apresenta-se, portanto, a possibilidade de vender seu valor de uso em parcelas, cada uma por um prazo determinado, isto é, *alugá-la*. A venda em parcelas, por conseguinte, só realiza o valor de troca pouco a pouco; o vendedor é compensado por essa renúncia à recuperação imediata do capital adiantado e do lucro auferido sobre ele mediante um aumento do preço, um juro cujo valor é

---

[24] Arthur Mülberger, "Zur Wohnungsfrage (Antwort an Friedrich Engels)", cit., p. 1.

Sobre a questão da moradia

determinado de modo nem um pouco arbitrário pelas leis da economia política. Ao final de cem anos, a casa foi consumida, está deteriorada e tornou-se inabitável. Se então descontarmos do valor total do aluguel pago: 1) a renda fundiária somada a qualquer aumento que possa ter havido durante o período em questão e 2) os custos de reparação efetuados correntemente, descobriremos que o restante é composto em média 1) do capital original investido na construção da casa, 2) do lucro sobre esse capital e 3) do juro sobre o capital que venceu em parcelas {D4 acrescenta "e sobre o lucro"}. Ora, ao final desse período, o locatário não possui casa, tampouco o dono da casa a possui. Este só tem o terreno (caso lhe pertença) e os materiais de construção que se encontram nele, que, no entanto, não constituem mais uma casa. E se entrementes a casa "cobriu cinco ou dez vezes o valor de custo original", veremos que isso se deve meramente a um aumento da renda fundiária; e isso não é nenhum segredo em lugares como Londres, onde o proprietário fundiário e o dono da casa geralmente são duas pessoas diferentes. Esses aumentos colossais dos aluguéis ocorrem em grandes {D4 exclui "grandes"} cidades em rápido crescimento, mas não em povoados rurais, onde a renda fundiária de terrenos permanece praticamente inalterada. É fato notório que, abstraindo das elevações da renda fundiária, o aluguel de uma casa não rende para o dono, anualmente, em média mais do que 7% do capital investido (incluindo o lucro), com o que ainda devem ser cobertos os custos de reparação etc. Em suma, o contrato de aluguel é uma transação comercial absolutamente comum que, para o trabalhador, teoricamente não interessa nem mais nem menos do que qualquer outra transação comercial, excetuando aquele em que se trata da compra e venda da força de trabalho, enquanto se defronta com ele na prática como uma das mil formas do logro burguês, das quais falei na página 4 da separata, e as quais, porém, também estão submetidas a uma regulação econômica, como demonstrei ali.

Mülberger, em contraposição, nada vê no contrato de aluguel além de pura "arbitrariedade" (p. 19 da separata), e, quando lhe

Friedrich Engels

provo o contrário, ele se queixa de que estou lhe dizendo "só coisas que ele infelizmente já sabia"[25].

Mas nem com todas as investigações econômicas sobre o aluguel conseguiremos transformar a abolição da moradia de aluguel em "uma das aspirações mais fecundas e grandiosas que brota do seio da ideia revolucionária"[26]. Para realizar essa façanha, precisamos traduzir o fato simples da economia sóbria para o fato já bem mais ideologizado da jurisprudência. "A casa serve de documento legal perene" que dá direito ao aluguel – "*assim se dá*" que o valor da casa pode ser pago duas, três, cinco, dez vezes em forma de aluguel. O "documento legal" não nos ajuda a avançar nem uma única polegada na tentativa de nos inteirar do modo como isso "se dá"; é por isso que eu disse que Mülberger só conseguiria se inteirar de *como* isso "se dá" investigando como a casa se torna documento legal. E só conseguimos saber isso quando examinamos, como fiz, a natureza *econômica* do aluguel, em vez de nos indignar diante da expressão jurídica com que classe dominante o sanciona. – Deve-se esperar de quem propõe medidas econômicas para a abolição do aluguel que saiba mais sobre o aluguel do que isto: "ele representa o tributo que o locatário paga ao direito perene do capital"[27]. A resposta de Mülberger é: "Uma coisa é uma descrição, outra bem diferente é uma explicação"[28].

Temos, portanto, a casa, que de modo algum é perene, transformada num documento legal perene que dá direito ao aluguel. Não importando como isso "se dá", descobrimos que, por força desse documento legal, a casa rende várias vezes seu valor na forma de aluguel. Pela tradução para o plano jurídico, conseguimos nos distanciar da economia a ponto de divisar apenas o fenômeno de que aos poucos uma casa pode se pagar diversas vezes na forma de aluguel bruto. Dado que pensamos e falamos juridicamente, aplicamos a esse fenômeno o critério do direito, da justiça, e descobrimos que

---

[25] Idem, "Zur Wohnungsfrage (Antwort an Friedrich Engels)", cit., p. 1.

[26] Idem, *Die Wohnungsfrage*. cit., p. 14.

[27] Idem.

[28] Idem, "Zur Wohnungsfrage (Antwort an Friedrich Engels)", cit., p. 1.

Sobre a questão da moradia

ele é *injusto*, que ele não corresponde à "ideia do direito de revolução"[29], ou o que quer que seja isso, e que, por conseguinte, o documento legal não vale nada. Descobrimos, além disso, que o mesmo vale para o capital que rende juros e para a terra agrícola arrendada, tendo agora o pretexto para separar essas classes de propriedade das demais e submetê-las a um tratamento de exceção. Este consiste na exigência: 1) de retirar do proprietário o direito de rescindir o contrato, o direito de exigir a devolução de sua propriedade; 2) de entregar sem custo ao locatário, ao tomador do empréstimo ou ao arrendatário o direito de uso do objeto que lhe foi repassado, mas que não lhe pertence, e 3) de pagar ao proprietário em parcelas a longo prazo, sem cobrança de juros. Desse modo, esgotamos os "princípios" proudhonianos quanto a esse aspecto. Essa é a "liquidação social" de Proudhon.

Diga-se de passagem: é evidente que todo esse seu plano de reforma visa beneficiar quase exclusivamente os pequeno-burgueses e os pequenos agricultores de modo a *consolidá-los* em sua posição de pequeno-burgueses e pequenos agricultores. A figura do "pequeno--burguês Proudhon", que, segundo Mülberger, é lendária, ganha aqui, portanto, uma existência histórica bem palpável.

Mülberger prossegue: "Quando, de acordo com Proudhon, digo que a vida econômica da sociedade deve estar impregnada de uma *ideia do direito*, estou *descrevendo* a sociedade atual como uma sociedade em que falta não toda e qualquer ideia do direito, mas a ideia do direito de revolução, fato que o próprio Engels reconhecerá"[30]. Infelizmente não posso fazer esse favor a Mülberger. Ele exige que a sociedade *esteja* impregnada de uma ideia de direito e chama isso de descrição. Quando um tribunal me intima pela mão de um oficial de justiça a pagar uma dívida, segundo Mülberger, ele não está fazendo nada além de *descrever-me* como alguém que não paga suas dívidas! Uma coisa é uma descrição, outra bem diferente é uma exigência. É justamente nisso que reside uma das diferenças essenciais entre o socialismo científico alemão e Proudhon. Nós descrevemos – e, a despeito de Mülberger, toda descrição verdadeira é, ao mesmo

---

[29] Idem.

[30] Idem.

Friedrich Engels

tempo, a explicação do assunto – as relações econômicas como são e se desenvolvem e provamos, em termos estritamente econômicos, que esse seu desenvolvimento é ao mesmo tempo o desenvolvimento dos elementos de uma revolução social: o desenvolvimento, por um lado, de uma classe cuja condição de vida necessariamente a impele para a revolução social, ou seja, do proletariado, e, por outro, das forças produtivas que, extrapolando o quadro da sociedade capitalista, acabam necessariamente por detoná-lo e proporcionam simultaneamente os meios para eliminar as diferenças de classe de uma vez por todas no interesse do próprio progresso social. Proudhon, em contraposição, faz à atual sociedade a exigência de remodelar-se, não segundo as leis de seu próprio desenvolvimento econômico, mas segundo as prescrições da justiça (a "ideia do direito" não é dele, mas de Mülberger). Onde nós provamos, Proudhon *prega* e lamenta, no que é seguido por Mülberger.

Não consigo em absoluto adivinhar o que vem a ser a "ideia do direito de revolução". Proudhon, em todo caso, faz "*da* revolução" uma espécie de deusa, de portadora e executora de sua "justiça", incorrendo então no estranho equívoco de misturar a revolução burguesa de 1789-1794 e a futura revolução proletária. Ele faz isso em quase todas as suas obras, especialmente a partir de 1848; como exemplo, limito-me a citar esta: *Idée générale de la Révolution* [Ideia geral da revolução], edição de 1868, p. 39 e 40. Porém, visto que Mülberger rejeita assumir toda e qualquer responsabilidade por Proudhon, estou impedido de explicar a "ideia do direito de revolução" a partir de Proudhon, permanecendo em trevas egípcias.

Mülberger prossegue: "Mas nem Proudhon nem eu apelamos para uma 'justiça eterna' para *explicar* as condições injustas vigentes ou até, como me imputa Engels, esperar do apelo a essa justiça a melhoria dessas condições"[31]. Mülberger deve estar se baseando no fato de "Proudhon ser praticamente um desconhecido na Alemanha"[32]. Em todos os seus escritos, Proudhon julga todas as condições sociais, jurídicas e políticas, todos os enunciados teóricos, filosóficos e religiosos {D4 substitui "todas as condições sociais, jurídicas e políticas,

---

[31]   Idem, "Zur Wohnungsfrage (Antwort an Friedrich Engels)", cit., p. 1.
[32]   Idem.

Sobre a questão da moradia

todos os enunciados teóricos, filosóficos e religiosos" por "todos os enunciados sociais, jurídicos, políticos e religiosos"} pelo critério da "justiça", rejeitando-os ou reconhecendo-os conforme correspondam ou não ao que ele chama de "justiça". Nas *Contradictions économiques* [Contradições econômicas]* essa justiça ainda é chamada de "justiça eterna", *justice éternelle*. Mais tarde, a eternidade é silenciada, mas mantida quanto ao teor. Por exemplo, em *De la justice dans la Révolution et dans l'Église* [Sobre a justiça na revolução e na Igreja], edição de 1858, a passagem a seguir equivale ao texto de todos os três volumes do sermão (v. I, p. 42):

> Qual é o princípio básico, o princípio orgânico, regulador, sobera-no das sociedades, o princípio que, subordinando a si todos os demais, rege, protege, reprime, disciplina e, caso necessário, oprime todos os elementos rebeldes? É a religião, o ideal, o *interesse*? [...] Esse princípio, a meu ver, é a *justiça*. – O que é a justiça? *A essência da própria humanidade.* O que ela tem sido desde o começo do mun-do? Nada. – O que ela deve {D4 substitui "deve" por "deveria"} ser? Tudo.[33]

O que é uma justiça que constitui a essência da própria humani-dade senão a *justiça eterna*? O que é uma justiça que constitui o princípio básico orgânico, regulador, soberano das sociedades, que até agora nada foi, mas deve ser tudo, senão o critério pelo qual devem ser julgadas todas as coisas, à qual se deve apelar como juíza decisiva sempre que houver um caso de conflito? E acaso afirmei outra coisa senão que Proudhon dissimula sua ignorância econô-mica e sua impotência passando todas as relações econômicas não pelo crivo das leis econômicas, mas por corresponderem ou não à

---

* Pierre-Joseph Proudhon, *Sistema das contradições econômicas ou filosofia da miséria*, trad. J. C. Morel, São Paulo, Ícone, 2003. (N. T.)

33 Pierre-Joseph Proudhon, *De la justice* (Paris, Garnier Frères, 1858), t. 1, p. 42-3: "*Quel est le principe fondamental, organique, régulateur, souverain, des sociétés; principe qui, subordonnant tous les autres, gouverne, protège, réprime, chatie, au besoin exige la suppres-sion des éléments rebelles? Est-ce la religion, l'idéal, l'intérêt? [...] Ce principe, suivant moi, est la Justice. Qu'est-ce que la Justice? – L'essence même de l'humanité. Qu'a-t-elle été depuis le commencement du monde? – Rien. Que doit-elle être? – Tout*".

Friedrich Engels

sua concepção dessa justiça eterna? E em que se diferencia Mülberger de Proudhon, quando M[ülberger] exige que "todas as transações na vida da sociedade moderna" estejam "impregnadas de uma *ideia de direito*, isto é, em toda parte fossem efetuadas segundo as *rigorosas exigências da justiça*"[34]? Sou eu que não sei ler ou é Mülberger que não sabe escrever?

Mülberger diz ainda:

> Proudhon sabe tão bem quanto Marx e Engels que o movimento propriamente dito na {D4 substitui "o movimento propriamente dito na" por "o que move propriamente a"} sociedade humana são as relações econômicas e não as jurídicas; também sabe que as respectivas ideias do direito de um povo são apenas a expressão, o impresso, o produto das relações econômicas – especialmente das de produção. [...] Numa palavra, o direito é, para Proudhon, produto econômico que se tornou histórico.[35]

Se Proudhon sabe de tudo isso "tão bem quanto Marx e Engels" (vou deixar passar a forma obscura com que Mülberger se expressa e olhar a boa vontade por trás do ato), como é possível que ainda estejamos discutindo? A situação, porém, é um pouco diferente com a ciência de Proudhon. As relações econômicas de dada sociedade apresentam-se em primeiro lugar como *interesses*. Ora, Proudhon diz com escassas palavras na passagem citada acima, extraída de sua obra principal, que o "princípio básico regulador, orgânico e soberano das sociedades que subordina a si todos os demais" não é o *interesse*, mas a *justiça*. E repete isso em todas as passagens decisivas de todos os seus escritos. Isso não impede Mülberger de continuar dizendo "que a ideia do direito econômico, explicitada com mais profundidade por Proudhon em *La guerre et la paix* [A guerra e a paz], coincide inteiramente com as ideias básicas de Lassalle, tão bem formuladas em seu prefácio a *Das System der erworbenen Rechte* [Sistema dos direitos adquiridos][36].

---

[34] Arthur Mülberger, *Die Wohnungsfrage*, cit., p. 10. Grifos de Engels.

[35] Idem, "Zur Wohnungsfrage (Antwort an Friedrich Engels)", cit., p. 1.

[36] Idem. – Ver Ferdinand Lassalle, Das System der erworbenen Rechte (Leipzig, F. A. Brockhaus, 1861), parte 1, p. vii-xxi.

La guerre et la paix talvez seja a mais diletante das muitas obras diletantes de Proudhon; o que eu jamais esperaria é que ela fosse apresentada como meio para provar sua suposta compreensão da concepção materialista alemã da história, que explica todos os acontecimentos e todas as representações históricos, toda a política, filosofia e religião a partir das relações vitais econômicas, materiais, do período histórico em questão. O livro tem tão pouco de materialista que não consegue nem mesmo completar sua elaboração da guerra sem pedir socorro ao *Criador*: "Entretanto, o Criador, que escolheu para nós essa maneira de viver, tem seus propósitos" (v. II, p. 100 da edição de 1869)[37]. O conhecimento histórico em que ele se baseia resulta de sua crença na existência histórica da idade áurea: "No início, quando a humanidade ainda se encontrava esparsa sobre o globo terrestre, a natureza provia suas necessidades sem esforço. Era a idade áurea, a idade da abundância e da paz" (ibidem, p. 102)[38]. Seu ponto de vista econômico consiste no mais crasso malthusianismo[39]: "Quando a produção é duplicada, a população igualmente o será" (p. 106)[40].

---

[37] A citação original é esta: "*Cependant le Créateur, qui a choisi pour nous ce mode d'existence, avait ses vues*". Em suas observações sobre *La guerre et la paix*, Engels antepôs a esse enunciado de Proudhon as seguintes sentenças: "Antes de tudo precisamos comer: *loi redoutable qui nous poursuit comme une furie si nous ne savons y pourvoir avec sagesse, comme aussi lorsque, lui sacrifiant tout autre devoir, nous nous faisons ses esclaves...* [lei temível que nos persegue como uma fúria se não soubermos provê-la com sabedoria, como quando, sacrificando-lhe qualquer outro dever, tornamo-nos seus escravos...]".

[38] A citação original é esta: "*Dans les commencements, alors que l'espèce humaine était clairsemée sur le globe, la nature fournissait sans peine à ses besoins. C'etait l'âge d'or, âge d'abondance et de paix...*". A essa citação Engels antepôs, em suas observações, o seguinte: "À lei da comida confronta-se a lei do trabalho, à negação, a posição. Mas de quanto precisa o ser humano, quanto tempo ele precisa trabalhar?".

[39] A teoria demográfica não científica fundada pelo sacerdote e economista inglês Malthus, que explica a pobreza e a miséria dos trabalhadores não a partir das relações de produção capitalistas, mas a partir de uma lei demográfica supostamente natural e universal, segundo a qual o crescimento da população se dá em progressão geométrica e o dos meios de subsistência, em contrapartida, em progressão aritmética.

[40] A citação original é esta: "*si la production est doublée, la population ne tardera pas à l'être à son tour*". – Sobre o malthusianismo nas concepções de Proudhon, Engels expôs o seguinte em suas observações: "Até entre os povos mais industrializados, assim que a massa dos produtos industriais *vienne à excéder, de si peu que ce soit, la proportion que leur assigne la quantité obtenue des subsistances, aussitôt ils baissent de valeur, tout ce superflu est réputé néant. Le sens commun [...] s'oppose maintenant à ce que la production*

Friedrich Engels

Em que consiste o materialismo do livro? No fato de afirmar que a causa da guerra desde sempre foi e ainda é "o pauperismo" (por exemplo, p. 143)[41]. O tio Bräsig foi um materialista igualmente bem-sucedido, pronunciando serenamente, em seu discurso de 1848, esta grande frase: a causa da grande miséria é a grande *pauvreté* [pobreza].

O *Sistema dos direitos adquiridos*, de Lassalle, está enredado não só na ilusão do jurista, mas também na do velho hegeliano. Na p. vii, Lassalle declara expressamente que, também "no *plano econômico*, o conceito do direito adquirido é a fonte que impulsiona todo o restante do desenvolvimento", que ele quer demonstrar "o direito como um organismo racional que se desenvolve *a partir de si mesmo*"[42] (e, portanto, não de precondições econômicas) (p. xi), que para ele não se trata de derivar o direito das relações econômicas, mas do "próprio conceito da vontade, do qual a filosofia do direito é apenas explicitação e exposição" (p. xii). Portanto, o que esse livro está fazendo aqui? A única diferença entre Proudhon e Lassalle é que Lassalle foi um verdadeiro jurista e hegeliano e Proudhon mero diletante na jurisprudência e na filosofia, como em tudo mais.

Sei muito bem que Proudhon, que sabidamente vive se contradizendo, aqui e ali também produz um enunciado, dando a impressão de que está explicando ideias a partir de fatos. Contudo, os {D4 substitui "os" por "alguns"} enunciados desse tipo são totalmente destituídos de importância quando confrontados com a linha de pensamento constante desse homem, e onde ocorrem são, ademais, extremamente confusos e incoerentes.

Num certo estágio bastante originário do desenvolvimento da sociedade, surge a necessidade de subordinar os atos diariamente recorrentes da produção, da distribuição e da troca de produtos a

---

dépasse la limite de la pauvreté. Ajoutons enfin que si, par le travail, la richesse générale augmente, la population va encore plus vite. [...] Ainsi le Créateur [...] nous enseigne la sobriété et l'ordre, et nous les fait aimer [vier a exceder, por pouco que seja, a proporção que lhe destina a quantidade das subsistências, de imediato seu valor diminui e todo esse supérfluo não vale nada. O senso comum [...] se opõe agora a que a produção passe dos limites da pobreza. Acrescentemos, por fim, que se, pelo trabalho, a riqueza geral aumenta, a população aumenta ainda mais rápido. [...] Assim, o Criador [...] nos ensina a sobriedade e a ordem e faz com qua as amemos]".

[41] Em Proudhon: *"qui assigne à la guerre pour cause première le paupérisme"*.

[42] Grifos de Engels.

Sobre a questão da moradia

uma regra comum, de tomar providências para que o indivíduo se submeta às condições comuns da produção e da troca. Essa regra, que primeiro foi costume, logo se tornou lei. A lei necessariamente dá origem a órgãos incumbidos de mantê-la em vigor – o poder público, o Estado. O desenvolvimento social subsequente fez com que a lei adquirisse a forma de uma legislação mais ou menos abrangente. Quanto mais complexa essa legislação se torna, tanto mais sua forma de expressão se distancia daquela em que são expressas as condições econômicas habituais da vida em sociedade. Ela aparece como um elemento autônomo, que não justifica sua existência e a fundamentação de seu aprimoramento pelas relações econômicas, mas por razões próprias, intrínsecas, como o "conceito de vontade". Os seres humanos esquecem que seu direito descende das condições econômicas vitais, assim como esqueceram que eles próprios descendem do reino animal. A evolução da legislação para uma totalidade abrangente e complexa faz surgir a necessidade de uma nova divisão social do trabalho; ganha forma uma categoria de juristas profissionais e, com estes, surge a ciência jurídica. Esta, em seu desenvolvimento subsequente, compara entre si os sistemas legais de diferentes povos e diferentes épocas, não como marcas deixadas pelas respectivas relações econômicas, mas como sistemas que se encontram fundamentados em si mesmos. A comparação pressupõe um elemento em comum: este é encontrado quando os juristas coligem os elementos mais ou menos comunitários em todos esses sistemas legais na forma de *direito natural*. Contudo, o critério usado para medir o que é e o que não é direito natural consiste justamente numa das expressões mais abstratas do próprio direito: a *justiça*. A partir daí, portanto, o desenvolvimento do direito para os juristas e para aqueles que neles acreditam piamente só pode consistir na busca da reaproximação reiterada das condições humanas, na medida em que são expressas em termos jurídicos, do ideal da justiça, da justiça *eterna*. E essa justiça sempre é mera expressão ideologizada, glorificada, das condições econômicas vigentes, ora na direção de seu aspecto conservador, ora na direção de seu aspecto revolucionário. A justiça dos gregos e romanos via como justa a escravidão; a justiça dos burgueses de 1789 exigiu a abolição do feudalismo por considerá-lo injusto. Para o nobre latifundiário prussiano até a ordem

Friedrich Engels

distrital carcomida constitui uma violação da justiça eterna[43]. A concepção da justiça eterna muda, portanto, não só com o tempo e o lugar, mas até com as pessoas, e figura no rol das coisas, sobre as quais Mülberger comenta corretamente que "cada qual entende algo diferente"[44]. Na vida cotidiana, no que se refere à simplicidade das relações que nela são passíveis de avaliação, é até possível aceitar sem causar mal-entendidos expressões como "justo", "injusto", justiça, senso de justiça também em relação a questões sociais, mas em investigações científicas sobre relações econômicas elas causam, como vimos, a mesma confusão desastrosa que, por exemplo, surgiria na química atual, caso se quisesse preservar a terminologia da teoria flogística. A confusão fica ainda pior quando, a exemplo de Proudhon, acredita-se nesse *flogistón* social chamado "justiça", ou, como assevera Mülberger, que está tudo certo com esse *flogistón*, do mesmo modo que com o oxigênio[*)].

III

Mülberger se queixa, ademais, do fato de eu ter chamado de jeremiada reacionária sua peroração "enfática" de "que não há escárnio

---

[43]   Cf. a *Kreisordnung für die Provinzen Preußen, Brandenburg, Pommern, Posen, Schlesien e Sachsen. Vom 13. Dezember 1872* [Lei Distrital para as províncias da Prússia, Brandenburgo, Pomerânia, Pósen, Silésia e Saxônia, de 13 de dezembro de 1872], em *Gesetz-Sammlung für die Königlichen Preußischen Staaten. 1872*, Berlim (1872), n. 41, p. 661-714. – A nova Lei Distrital determinou que o poder de polícia hereditário dos donos de terras vigente na área rural fosse abolido e que fossem introduzidos elementos da administração local, como líderes comunitários elegíveis e assembleias distritais nos conselhos provinciais, a ser eleitos de acordo com o sistema dos estamentos. O objetivo da reforma foi a consolidação do aparelho estatal e o fortalecimento do poder central no interesse da nobreza latifundiária. Na prática, os latifundiários mantiveram o poder nos distritos e nas províncias; eles detinham pessoalmente a maioria dos cargos eletivos ou davam um jeito de que fossem ocupados por seus representantes.

[44]   Arthur Mülberger, "Zur Wohnungsfrage (Antwort an Friedrich Engels)", cit., p. 1.

[*)]   Antes da descoberta do oxigênio, os químicos explicavam a queima dos corpos na atmosfera pressupondo a existência de um combustível próprio, o *flogistón*, que se dissipa durante a queima. Ao descobrirem que os corpos simples pesavam mais após a queima do que antes dela, eles explicaram que o *flogistón* teria peso negativo, de modo que um corpo sem seu *flogistón* pesaria mais do que com ele. Desse modo, aos poucos foram impingidas ao *flogistón* as qualidades principais do oxigênio, só que todas *ao inverso*. A descoberta de que a queima consiste na ligação dos corpos mais terrível de toda a cultura de nosso tão exaltado século do que o fato de 90% ou mais da população das metrópoles não ter um lugar que possa chamar de seu"[45]. De fato. Se Mülberger tivesse se limitado a fazer o que anunciou, isto é, descrever os "horrores do tempo presente", com certeza eu não teria dito nada de mal sobre "ele e suas modestas palavras". Ele, porém, faz algo bem diferente. Descreve esses "horrores" como *efeito* do fato de os trabalhadores "*não terem um lugar que possam chamar de seu*". Quer se deplorem "os horrores do tempo presente" porque os trabalhadores perderam a propriedade de suas casas, quer, como fazem os nobres latifundiários, porque o feudalismo e as guildas foram abolidos – em ambos os casos, o resultado não será nada além de uma jeremiada reacionária, um lamento sobre a irrupção do inevitável, do historicamente necessário. O aspecto reacionário reside justamente no fato de Mülberger querer restaurar a propriedade individual dos trabalhadores sobre sua casa – um assunto que a história há muito já colocou em pratos limpos; reside no fato de não conseguir imaginar a libertação dos trabalhadores de outra maneira, a não ser que cada um volte a tornar-se proprietário de sua casa. – Adiante:

> Afirmo do modo mais enfático possível: a luta propriamente dita é contra o modo de produção capitalista e *só a partir da transformação deste* se pode esperar uma melhora das relações de moradia. Engels não vê nada disso [...] pressuponho a solução cabal da questão social para poder avançar para a resolução da moradia de aluguel.[46]

Infelizmente, ainda hoje não vejo nada disso. É impossível que eu saiba o que alguém, cujo nome eu nem conhecia, pressuponha no recôndito de seu cérebro. Só o que posso fazer é ater-me aos artigos impressos de Mülberger. E neles ainda hoje só encontro que, para avançar rumo a uma solução da moradia de aluguel, M[ülberger]

---

em combustão com outro corpo, o oxigênio, e a descrição desse oxigênio puseram fim a essa suposição – o que só ocorreu após longa resistência dos químicos mais velhos. [Nota de Engels à edição de 1872-1873.]

[45] Ver p. 45 deste volume.

[46] Arthur Mülberger, "Zur Wohnungsfrage (Antwort an Friedrich Engels)", cit., p. 2. Grifos de Engels.

Friedrich Engels

(p. 15 e 16 da separata) não pressupõe nada além da moradia de aluguel. Só na página 17 ele agarra "a produtividade do capital pelos chifres", ao que ainda retornaremos. E até em sua resposta ele confirma isso, dizendo: "Era preciso mostrar, muito antes, como *a partir das condições vigentes* se poderia conseguir uma transformação completa na questão da moradia"[47]. A partir das condições vigentes e a partir da transformação (quer dizer, da abolição) do modo de produção capitalista são, sem dúvida, duas coisas totalmente opostas.

Não é de admirar que Mülberger lamente o fato de eu ver as aspirações filantrópicas do senhor Dollfus e de outros fabricantes no sentido de ajudar os trabalhadores a ter suas próprias casas como a única possível realização prática de seus projetos proudhonistas[48]. Se ele reconhecesse que o plano de Proudhon para a salvação da sociedade consiste numa fantasia que se move inteiramente no chão da sociedade *burguesa*, ele obviamente não acreditaria nele. Jamais, em lugar algum, pus em dúvida sua boa vontade. Mas por que ele elogia o Dr. Reschauer por ter recomendado ao conselho municipal de Viena a adoção dos projetos de Dollfus[49]?

Além disso, Mülberger explica o seguinte:

> No que se refere especificamente ao antagonismo entre cidade e campo, querer aboli-lo faz parte das utopias. Trata-se de um antagonismo natural, ou melhor, um antagonismo que se tornou histórico. [...] A questão não é *abolir* esse antagonismo, mas encontrar formas políticas e sociais, nas quais ele seja *inofensivo* e até *frutífero*. Desse modo, pode-se esperar um acordo pacífico, um equilíbrio gradativo dos interesses.[50]

---

[47] Idem. Grifos de Engels.

[48] Ver p. 54-5 deste volume.

[49] Mülberger abordara em seu trabalho as ideias de Heinrich Reschauer sobre a eliminação da escassez de moradia em Viena (ver Arthur Mülberger, *Die Wohnungsfrage*, cit., p. 24-8), apresentadas em *Die Wohnungsnoth und ihr schädlicher Einfluß auf die Kleingewerbetreibenden und Lohnarbeiter* [A escassez de moradia e sua influência nociva sobre os pequenos fabricantes e trabalhadores assalariados] (Viena, Hügel, 1871). A proposta de Reschauer de tornar os trabalhadores proprietários de sua moradia mediante prestações anuais (ver ibidem, p. 16 e 42-3) correspondia aos projetos concretizados por Dollfus na França e, como estes, visava fortalecer e preservar a classe dos pequenos proprietários.

[50] Arthur Mülberger, "Zur Wohnungsfrage (Antwort an Friedrich Engels)", cit., p. 2.

Sobre a questão da moradia

Portanto, a abolição do antagonismo entre cidade e campo é uma utopia, porque é um antagonismo natural, ou melhor, um antagonismo que se tornou histórico. Apliquemos essa lógica a outros antagonismos da sociedade moderna e vejamos aonde chegaremos com isso. Por exemplo: "No que se refere especificamente ao antagonismo entre" capitalistas e trabalhadores assalariados, "querer aboli-lo faz parte das utopias. Trata-se de um antagonismo natural, ou melhor, um antagonismo que se tornou histórico. A questão não é *abolir* esse antagonismo, mas encontrar formas políticas e sociais, nas quais ele seja *inofensivo* e até *frutífero*. Desse modo, pode-se esperar um acordo pacífico, um equilíbrio gradativo dos interesses." Assim, chegamos novamente à posição de Schulze-Delitzsch[51].

A abolição do antagonismo entre cidade e campo é uma utopia tanto quanto a abolição do antagonismo entre capitalistas e trabalhadores assalariados. Dia após dia, ela se torna uma exigência prática tanto da produção industrial quanto da produção agrícola. Ninguém a exigiu mais enfaticamente do que Liebig em seus escritos sobre a química da agricultura, nos quais sua primeira exigência sempre foi que o ser humano devolva à terra de cultivo aquilo que dela recebe, e nos quais prova que a única coisa que impede isso é a existência das cidades, principalmente a das grandes cidades[52]. Quando se

---

[51] Ver nota 54, p. 92, deste volume.

[52] Engels presumivelmente se refere a *Die Chemie in ihrer Anwendung auf Agricultur und Physiologie* [A aplicação da química à agricultura e à fisiologia] (7. ed., Braunschweig, Friedrich Vieweg, 1862, v. 1 e 2), de Justus von Liebig. O volume 1 contém a "Introdução às leis naturais do cultivo da terra", no qual Liebig se manifesta várias vezes sobre o problema mencionado por Engels. Ele escreveu, por exemplo, que "não é possível cultivar a longo prazo os campos só com o esterco produzido nos estábulos da propriedade rural, porque, fazendo isso, não se devolve aos campos tudo aquilo que foi tirado deles na forma de cereal e gado exportados para as cidades" (ibidem, p. 11). Em outra passagem, explica o seguinte: "Toda a enorme quantidade de adubo que a Inglaterra importa todos os anos acaba escoando em sua maior parte para os rios e dali para o mar, e os produtos gerados com eles não são suficientes para alimentar o crescimento populacional. O agravante é que esse mesmo processo de autodestruição ocorre em todos os países europeus, mesmo que não na escala em que acontece na Inglaterra. Nas grandes cidades do continente, as autoridades competentes investem grandes somas anualmente para tornar proibitivas ao agricultor as condições de restauração e preservação da fertilidade dos campos" (ibidem, p. 128-9). No volume I de *O capital*, Marx já havia constatado: "Ter analisado o aspecto negativo da agricultura moderna de um ponto de vista

Friedrich Engels

observa que só aqui em Londres se produz mais esterco do que em todo o reino da Saxônia, o qual dia após dia, gerando gastos enormes, é jogado ao mar, e quando se vê as instalações colossais necessárias para impedir que esse esterco contamine a cidade inteira, a utopia da abolição do antagonismo entre cidade e campo recebe um fundamento singularmente prático. E até mesmo a cidade relativamente insignificante de Berlim se asfixia há pelo menos trinta anos no fedor de sua própria sujeira. Em contrapartida, é pura utopia querer revolucionar a atual sociedade burguesa e preservar o agricultor como tal. Somente uma distribuição o mais homogênea possível da população pelo campo, somente uma vinculação íntima da produção industrial com a produção agrícola, em conjunto com a expansão dos meios de comunicação que desse modo se torna necessária – pressupondo a abolição do modo de produção capitalista – são capazes de arrancar a população rural do isolamento e do embrutecimento em que vegeta há milênios, quase do mesmo jeito. Utopia não é afirmar que a libertação das pessoas das correntes forjadas por seu passado histórico só será completa quando o antagonismo entre cidade e campo tiver sido abolido; a utopia somente surge quando alguém se aventura a prescrever, "a partir das relações vigentes", a *forma* como esse ou qualquer outro antagonismo da sociedade existente deve ser resolvido. É o que faz Mülberger, ao apropriar-se da fórmula proudhoniana de solução da questão da moradia.

Em seguida, Mülberger se queixa de que eu, de certo modo, corresponsabilizo-o pelas "concepções horrendas de Proudhon sobre capital e juro"[53], e diz o seguinte:

> Pressuponho a mudança das relações de produção *como dada*, e a lei de transição que regula a taxa de juros não tem como objeto as relações de produção, mas as transações sociais, as relações de circulação. [...] Todavia, a mudança das relações de produção ou, como diz com mais exatidão a escola alemã, a abolição do modo de produção capitalista, não resulta, como Engels *me imputa*, de

---

científico é um dos méritos imortais de Liebig" (MEGA-2 II/5, p. 410 [ed. bras.: *O capital*, Livro I, cit., nota 325, p. 573]).

[53] Arthur Mülberger, "Zur Wohnungsfrage (Antwort an Friedrich Engels)", cit., p. 2.

Sobre a questão da moradia

uma lei transitória que revoga o juro, mas *da efetiva apropriação de todos os instrumentos de trabalho*, da tomada de posse de toda a indústria pelo povo trabalhador. Não cabe a Engels nem a mim decidir se, ao fazer isso, o povo trabalhador reverenciará [!] mais a compra ou mais a expropriação imediata.[54]

Pasmo, esfrego os olhos. Releio o tratado de Mülberger do começo ao fim para encontrar a passagem em que ele explica que seu resgate da moradia de aluguel pressupõe como já acontecida "a efetiva apropriação de todos os instrumentos de trabalho, da tomada de posse de toda a indústria pelo povo trabalhador". Não encontro a passagem. Ela não existe. Em lugar nenhum se fala de "efetiva apropriação" etc. Mas, na página 17, consta isto:

> Suponhamos agora que a produtividade do capital *realmente seja agarrada pelos chifres*, como cedo ou tarde deverá acontecer, por exemplo, mediante *uma lei de transição, que fixe o juro de todos os capitais em 1%*[55], *nota bene*, com a tendência de aproximar também essa porcentagem cada vez mais do marco zero [...]. Como acontece com todos os demais produtos, naturalmente também casa e moradia estão contidas no quadro dessa lei. [...] Por esse lado, vemos, portanto, que o resgate da moradia de aluguel *acontece necessariamente como decorrência da abolição da produtividade do capital em geral.*

Aqui, portanto, em contraste total com a formulação mais recente de Mülberger, está dito com escassas palavras que a produtividade do capital – expressão confusa com a qual ele próprio admite entender o modo de produção capitalista – de fato seria "agarrada pelos chifres" mediante a lei que revoga o juro e que, exatamente em consequência dessa lei, o resgate da moradia de aluguel acontece necessariamente como decorrência da abolição da produtividade do capital em geral. De modo algum, diz agora Mülberger. Aquela lei de transição "não tem como objeto as relações de *produção*, mas as relações de *circulação*". Diante dessa contradição, que, nas palavras

---

[54] Idem.

[55] Os primeiros dois grifos são de Engels.

de Goethe, é "de mistério igual para um sábio e um simplório"[56], só me resta supor que estou lidando com dois Mülbergers totalmente diferentes, dos quais um se queixa com razão de que eu lhe teria "imputado" tudo o que o outro mandou imprimir.

Com certeza é correto dizer que o povo trabalhador não perguntará nem a mim nem a Mülberger se, na questão da apropriação efetiva, "reverenciará mais a compra ou mais a expropriação imediata". É bem provável que ele prefira não "reverenciar" nada. Mas o que de fato estava em questão nem era a apropriação efetiva de todos os instrumentos de trabalho pelo povo trabalhador, e sim apenas a afirmação de Mülberger (p. 17) de que "todo o teor da solução da questão da moradia está dado numa palavra: *resgate*"[57]. Se ele agora declara que esse resgate é extremamente duvidoso, para que, então, dar a nós dois e ao leitor todo esse trabalho em vão?

A propósito, é preciso constatar que a "apropriação efetiva" de todos os instrumentos de trabalho, a tomada de posse de toda a indústria pelo povo trabalhador é o exato oposto do "resgate" proudhonista. Neste último, o *trabalhador individual* se torna proprietário da moradia, da fazenda, do instrumento de trabalho; na primeira, o "povo trabalhador" permanece como proprietário global das casas, fábricas e instrumentos de trabalho, e, pelo menos durante o período de transição, dificilmente cederá seu direito de uso a indivíduos e sociedades sem alguma indenização dos custos. Exatamente do mesmo modo a abolição da propriedade fundiária não é a abolição da renda fundiária, mas sua transferência, embora numa forma modificada, para a sociedade. Portanto, a tomada de posse efetiva de todos os instrumentos de trabalho pelo povo trabalhador de modo algum exclui a manutenção da relação de locação.

De qualquer modo, não se trata de determinar se, quando chegar ao poder, o proletariado simplesmente se apossará pela força dos instrumentos de produção, das matérias-primas e dos víveres, se pagará indenização de imediato ou se resgatará a propriedade sobre eles mediante o pagamento de suaves prestações. Querer responder

---

[56] Johann Wolfgang von Goethe, *Fausto. Primeira parte*: *A cozinha da bruxa* [ed. bras.: *Fausto. Primeira parte*, trad. Jenny Klabin Segall, São Paulo, Editora 34, 2011, p. 210].

[57] Grifo de Engels.

a essa pergunta de antemão e para todos os casos significaria fabricar utopias; deixo isso a cargo de outros.

IV

Foi necessário escrever tudo isso para passar pelas múltiplas evasivas e pelo contorcionismo de Mülberger e finalmente chegar à questão propriamente dita que M. {D4: Mülberger} tem todo o cuidado de evitar em sua resposta.

O que Mülberger havia dito de propositivo em seu tratado?

Em primeiro lugar, que "a diferença entre o preço de custo original de uma casa, terreno etc. e seu valor atual"[58] pertenceria por direito à sociedade. Em linguagem econômica, essa diferença se chama renda fundiária. Proudhon também quer entregá-la à sociedade, como se pode ler em *Idée générale de la Révolution* [Ideia geral da revolução], edição de 1868, p. 219.

Em segundo lugar, a solução da questão da moradia consistiria em que cada qual se tornasse proprietário, e não locatário, de sua moradia.

Em terceiro lugar, que essa solução se torna efetiva graças à transformação, por força da lei, do pagamento de aluguel em pagamento de prestações do preço de compra da moradia. – Os pontos 2 e 3 são tomados de empréstimo de Proudhon, como qualquer pessoa pode constatar em *Idée générale de la Révolution*, página 199 e seguintes, que contém até mesmo, na página 203, a redação pronta do respectivo projeto de lei.

Em quarto lugar, que a produtividade do capital é agarrada pelos chifres por meio de uma lei de transição que reduz temporariamente a taxa de juros para 1%, ressalvada a redução continuada no futuro. Isso também foi tomado de empréstimo de Proudhon, como se pode ler detalhadamente em *Idée générale* (p. 182-6).

Em cada um desses pontos, citei a passagem de Proudhon em que se encontra o original da cópia feita por Mülberger; pergunto agora: eu tinha ou não razão em chamar de proudhonista o autor de um artigo que é totalmente proudhonista e não contém nada além de concepções proudhonistas? E, não obstante, a queixa mais

---

[58] Arthur Mülberger, *Die Wohnungsfrage*, cit., p. 8.

Friedrich Engels

amargurada de Mülberger refere-se ao fato de eu o ter chamado assim, por ter "topado com algumas *formulações* peculiares de Proudhon"[59]! Pelo contrário. As *"formulações"* são todas de Mülberger, mas o *conteúdo* é de Proudhon. E quando complemento o tratado proudhonista a partir de Proudhon, Mülberger se queixa de que eu lhe impinjo as "concepções horrendas"[60] de Proudhon!

O que foi que respondi a esse plano proudhonista?

Em primeiro lugar, que a transferência da renda fundiária para o Estado equivale à abolição da propriedade fundiária individual.

Em segundo lugar, que o resgate da moradia de aluguel e a transferência da propriedade sobre a moradia para o até então locatário não chega nem a tocar o modo de produção capitalista.

Em terceiro lugar, que, diante do atual desenvolvimento da grande indústria e das cidades, essa proposta é tão trivial quanto reacionária e a reintrodução da propriedade individual de cada um sobre sua moradia representaria um retrocesso.

Em quarto lugar, que a redução forçada do juro do capital não atinge de modo algum a produção capitalista {D4 substitui "a produção capitalista" por "o modo de produção capitalista"}, mas, ao contrário, é algo tão antigo quanto impossível, como provam as leis contra a usura.

Em quinto lugar, que com a abolição do juro do capital o dinheiro do aluguel de casas não será suprimido.

Os pontos 2 e 4 foram aceitos agora por Mülberger. Sobre os demais ele não diz uma palavra sequer em resposta. No entanto, trata-se justamente dos pontos em torno dos quais gira o debate. A resposta de Mülberger, porém, não é uma refutação; ela evita cuidadosamente todos os pontos econômicos, que, todavia, são os decisivos; ela nada mais é do que um escrito de reclamação pessoal. Assim, ele se queixa quando antecipo a solução anunciada de outras questões, por exemplo das dívidas públicas, das dívidas particulares, do crédito, e digo que, em toda parte, a solução será aquela em que, como na questão da moradia, o juro for suprimido, o pagamento dos juros for transformado em pagamento de prestações sobre o montante do

---

[59] Idem, "Zur Wohnungsfrage (Antwort an Friedrich Engels)", cit., p. 1.

[60] Ibidem, p. 2.

Sobre a questão da moradia

capital e o crédito não tiver custo. Apesar disso, ainda hoje sou capaz de apostar que, quando esses artigos de Mülberger virem a luz do dia, seu conteúdo essencial será tão coincidente com a *Idée générale* de Proudhon, na página 182 sobre o crédito, na página 186 sobre as dívidas públicas e na página 196 sobre as dívidas particulares, quanto o conteúdo que tratou da questão da moradia coincidiu com as passagens citadas do mesmo livro.

Nessa ocasião, Mülberger me ensina que questões desse tipo, como impostos, dívidas públicas, dívidas particulares, crédito, às quais se soma agora a da autonomia da comunidade, revestem-se de suma importância para o agricultor e para a propaganda na área rural. Concordo em grande parte; porém, 1) até agora nem se falou dos agricultores, e 2) as "soluções" proudhonianas para cada uma dessas questões são absurdas em termos econômicos e essencialmente burguesas quanto à solução da questão da moradia. Não sou *eu* que preciso me defender da insinuação de Mülberger de estar ignorando a necessidade de envolver os agricultores no movimento. Contudo, de fato considero uma tolice recomendar com essa finalidade aos agricultores o charlatanismo proudhoniano. Na Alemanha, ainda existem muitos latifúndios. De acordo com a teoria proudhoniana, todos deveriam ser fragmentados em pequenas propriedades rurais, o que, no ponto atual da ciência agrícola e a julgar pelas experiências na França e no Oeste da Alemanha com propriedades rurais em forma de parcelas, seria algo francamente reacionário. As grandes propriedades rurais ainda existentes nos propiciarão uma maneira muito bem-vinda de fazer com que os agricultores associados pratiquem a agricultura em grande escala, o único meio de utilizar todos os recursos modernos, máquinas etc., e, por essa via, mostrar aos pequenos agricultores as vantagens da grande empresa por meio de associação. Os socialistas dinamarqueses, à frente de todos os demais nesse tocante, reconheceram isso há muito tempo[61].

---

[61] Como se depreende da troca de cartas entre Engels e o socialista dinamarquês Louis Albert François Pio, os socialistas dinamarqueses haviam feito progressos justamente na propagação das resoluções da Internacional sobre a questão agrária. Em sua carta a Pio, de meados de março de 1872, Engels louvou os artigos publicados no jornal *Socialisten*, de Copenhague, de 4 de novembro de 1871, e em muitos órgãos de imprensa da IAA, sobre a organização da produção agrícola em cooperativas. Engels escreveu o seguinte na referida carta: "*Altogether, with regard to the*

Friedrich Engels

Tampouco preciso me defender da imputação de que as infames condições atuais de moradia dos trabalhadores me parecem "um detalhe irrelevante"[62]. Pelo que sei, fui o primeiro a descrever em língua alemã essas condições em seu desenvolvimento clássico, como persistem na Inglaterra: não, como pensa Mülberger, por serem "um tapa na cara do meu *senso de justiça*"[63] – quem quisesse transformar em livro todos os fatos que são um tapa na cara de seu senso de justiça teria muito que fazer –, mas, como se pode ler no prefácio do meu livro, para oferecer ao socialismo alemão, que naquela época estava surgindo e brandia fraseologias vazias, uma base factual mediante a descrição das condições sociais criadas pela grande indústria moderna[64]. No entanto, não me ocorre pretender resolver a assim chamada *questão* da moradia, nem tampouco me ocupo com os detalhes da solução para a *questão da comida*, que é mais importante ainda. Contento-me em poder demonstrar que a produção de nossas sociedades modernas {D4 substitui "de nossas sociedades modernas" por "de nossa sociedade moderna"} é suficiente para dar de comer a todos os seus membros e há casas em número suficiente para por enquanto proporcionar às massas trabalhadoras uma habitação espaçosa e saudável. Especular sobre como uma futura sociedade regulará a distribuição da comida e da moradia leva diretamente à *utopia*. Podemos, quando muito, constatar, a partir da análise das condições básicas de todos os modos de produção que existiram até hoje, que a ruína da produção capitalista impossibilitará certas formas de apropriação da sociedade existente até então. Mesmo as medidas transitórias terão de orientar-se, em toda parte, pelas condições momentaneamente vigentes, devendo ser essencialmente distintas

---

all-important question of enlisting the small peasantry and Husmaendene in the proletarian movement the Danes, owing to their local circumstances and to their great political intelligence, are now in advance of all other nations [No geral, no que se refere à questão sumamente importante de inscrever os pequenos camponeses e *husmaendene* no movimento proletário, os dinamarqueses estão agora à frente de todas as demais nações, devido às circunstâncias locais em que vivem e a sua grande inteligência política]".

[62] Arthur Mülberger, "Zur Wohnungsfrage (Antwort an Friedrich Engels)", cit., p. 2.

[63] Ibidem, p. 1. Grifos de Engels.

[64] Friedrich Engels, *Die Lage der arbeitenden Klasse*, cit., p. 7 e 9 [ed. bras.: *A situação da classe trabalhadora na Inglaterra*, cit., p. 39-40.]

em países de pequenas propriedades fundiárias e em países de grandes propriedades fundiárias etc. A melhor prova de onde se vai parar quando se procuram soluções isoladas para essas chamadas questões práticas, como a questão da moradia etc. é o próprio Mülberger, que começa expondo extensamente {D4 exclui "extensamente"} em 28 páginas como "todo o teor da solução da questão da moradia está dado numa palavra: *resgate*"[65], para, em seguida, quando o encostamos na parede, gaguejar consternado que de fato é duvidoso que, na apropriação efetiva das casas, "o povo trabalhador reverenciará mais o resgate"[66] ou outra forma qualquer de expropriação.

Mülberger pede que sejamos *práticos*, que, "diante das condições práticas reais", não "recorramos apenas a fórmulas abstratas e sem vida"; devemos "afastar-nos do socialismo abstrato e *achegar-nos às condições concretas e bem determinadas da sociedade*"[67]. Se Mülberger tivesse feito isso, talvez tivesse angariado grandes méritos no movimento. O primeiro passo no ato de achegar-se às condições concretas e bem determinadas da sociedade certamente consiste em tomar conhecimento delas, examiná-las quanto a seu nexo econômico vigente. E o que encontramos em Mülberger? Duas sentenças inteiras sobre isso, mais exatamente:

1) "O que o trabalhador assalariado é para o capitalista, o locatário é para o dono da casa."[68] Na página 6 da separata, procurei mostrar que isso está totalmente errado, e Mülberger não encontrou palavra para responder a isso[69].

2) "Contudo, o touro que se deve agarrar pelos chifres [na reforma social] é *a produtividade do capital*, como é chamado pela escola liberal da economia nacional, que *na verdade não existe*, mas *cuja existência aparente* serve de cobertura para todo tipo de desigualdade que pesa sobre a sociedade atual."[70] Portanto, o touro que deve ser agarrado pelos chifres "*na verdade não existe*", logo também não tem "chifres".

---

[65]   Arthur Mülberger, *Die Wohnungsfrage*, cit., p. 17.

[66]   Idem, "Zur Wohnungsfrage (Antwort an Friedrich Engels)", cit., p. 2.

[67]   Idem.

[68]   Idem, *Die Wohnungsfrage*, cit., p. 13.

[69]   Ver p. 39 deste volume.

[70]   Arthur Mülberger, *Die Wohnungsfrage*, cit., p. 7. Grifos de Engels.

Friedrich Engels

Não é ele mesmo, mas sua existência *aparente* que é do mal. Ainda assim, a "assim chamada produtividade" (do capital) é "capaz de, num passe de mágica, fazer brotar do chão casas e cidades", cuja existência é tudo, exceto "aparente" (p. 12). Esse homem tartamudeia dessa maneira irremediavelmente confusa sobre a relação entre capital e trabalho, embora *O capital*, de Marx, seja "bem conhecido também dele"[71]. É esse homem que toma a iniciativa de propor aos trabalhadores alemães uma via nova e melhor, alegando ser o "mestre de obras" que obteve clareza "sobre a estrutura arquitetônica da sociedade futura, pelo menos em seus grandes traços"[72]?

Ninguém se achegou mais "às condições concretas e bem determinadas da sociedade"[73] do que Marx em *O capital*. Durante 25 anos, ele as examinou em todos os seus aspectos, e os resultados de sua crítica também contêm, em toda parte, os embriões das assim chamadas soluções, na medida em que algumas são possíveis hoje em dia. Mas isso não é o bastante para o amigo Mülberger. Tudo isso é socialismo abstrato, fórmulas abstratas e sem vida. Em vez de estudar as "condições concretas e bem determinadas da sociedade", o amigo Mülberger se contenta com a leitura de alguns volumes de Proudhon, que, mesmo não lhe oferecendo praticamente nada sobre as condições concretas e bem determinadas da sociedade, proporcionam-lhe, em contrapartida, curas miraculosas, concretas e bem determinadas, para todos os males sociais, e expõe esse plano de salvação social já pronto, esse *sistema* proudhoniano, diante dos trabalhadores alemães sob o pretexto de que *ele* pretenderia "dizer adeus aos *sistemas*", ao passo que eu estaria "escolhendo o caminho inverso"! Para compreender isso, preciso supor que sou cego e Mülberger surdo, de modo que qualquer entendimento entre nós é completamente impossível.

Basta. Se essa polêmica de nada serviu, uma coisa boa ela tem: demonstrou o que é a práxis desses socialistas que se dizem "práticos". Essas propostas práticas para eliminar todos os males sociais, essas panaceias sociais, sempre e em toda parte foram produtos

---

[71] Idem, "Zur Wohnungsfrage (Antwort an Friedrich Engels)", cit., p. 1.
[72] Idem, *Die Wohnungsfrage*, cit., p. 13.
[73] Idem, "Zur Wohnungsfrage (Antwort an Friedrich Engels)", cit., p. 2.

Sobre a questão da moradia

fabricados por fundadores de seitas que entraram em cena numa época em que o movimento proletário ainda estava na infância. Proudhon figura entre eles. O desenvolvimento do proletariado logo tirou as fraldas e desenvolveu na própria classe trabalhadora a noção de que não há nada menos prático do que essas "soluções práticas" previamente arquitetadas e aplicáveis a todos os casos, e que o socialismo prático consiste antes no conhecimento correto do modo de produção capitalista sob seus diversos aspectos. Uma classe de trabalhadores ciente disso *jamais* terá dúvidas, no caso concreto, quanto às instituições sociais contra as quais deverá dirigir seus ataques principais e quanto ao modo de fazê-lo.

ÍNDICE ONOMÁSTICO

Akroyd, Lieutenant Colonel Edward (1810-1887) – Industrial inglês do setor têxtil, assumiu a direção da empresa da família, a James Akroyd & Sons Ltd., após a morte do pai, em 1847. Era considerado um dos maiores produtores de lã da Inglaterra. p. 86-7

Bakunin, Michail Alexandrovitsch (1814-1876) – Revolucionário russo. Inicialmente hegeliano de esquerda, depois anarquista, colocou-se como um adversário do marxismo. Entrou para a Internacional em 1869, sendo dela expulso em 1872, no congresso de Haia. p. 27, 110, 145, 150-1.

Beslay, Charles Victor (1795-1878) – Engenheiro e político francês, proudhoniano, foi membro da Internacional e da Comuna de Paris. Delegado para as finanças e representante da Comuna junto ao Banco da França, contrapôs-se à nacionalização deste. p. 112.

Bismarck, Otto, príncipe de (1815-1898) – Estadista e diplomata, foi chefe de gabinete e, mais tarde, primeiro-ministro do Império [*Reichskanzler*], entre 1871 e 1890. Opositor da Comuna de Paris, em 1878 escreveu a lei de exceção contra a social-democracia, conhecida como "lei contra os socialistas". p. 86, 98, 102-3, 151.

Chadwick, sir Edwin (1800-1890) – Atuou como secretário da comissão das Leis sobre os Pobres e foi membro de várias comissões parlamentares vinculadas à legislação fabril. p. 68.

Clément, Victor (1824-?) – Ativista francês e integrante da Comuna de Paris (1871), era membro da Comissão de Finanças e colocou-se contra a criação do Comitê de Saúde Pública. Capturado na Semana Sangrenta, foi condenado a três anos de prisão. p. 112.

Dietzgen, Joseph (1828-1888) – Filósofo autodidata do materialismo dialético, viveu nos Estados Unidos. Influenciado pela filosofia de Ludwig Feuerbach, publicou, entre outros livros, *A religião da social-democracia*. p. 21.

Dollfus, Jean (1800-1887) – Industrialista francês, dirigia a companhia têxtil Dollfus--Meig et Cie., em Mulhouse, França. Foi um importante membro da Société Industrielle de Mulhouse, que construiu uma cidade-empresa que vendia casas a preço de custo para os operários. p. 54, 130.

Friedrich Engels

Ducpétiaux, Édouard (1804-1868) – Jornalista belga, ficou conhecido por ser um grande defensor da liberdade de imprensa. Cobriu ativamente a Revolução Belga, em 1930, e publicou diversos trabalhos contrários à pena de morte, pedindo a reforma do sistema penitenciário. Apresentou propostas para a erradicação das favelas. p. 67-8.

Dupont, Eugène (1837-1881) – *Luthier* francês, participou da Insurreição de Junho de 1848. Em 1862 mudou-se para Londres e, mais tarde para Manchester. Foi cofundador da Internacional e membro de seu Conselho Geral. Entre 1865 e 1871, foi secretário-correspondente para a França. p. 112.

Faucher, Julius [Jules] (1820-1878) – Economista e escritor alemão, jovem-hegeliano, defensor do livre-cambismo na Alemanha. p. 69.

Fourier, François Marie Charles (1772-1837) – Socialista utópico francês, filho de um rico fabricante de tecidos. Perdeu sua fortuna em 1793 e tornou-se empregado de comércio. Descrente da revolução, pregava a organização de um "falanstério", ou seja, uma comunidade em que se vivesse de acordo com novos princípios e regras. p. 80-1.

Francisco José I (1830-1916) – Foi imperador da Áustria e rei da Hungria de 1848 até sua morte, o que faz do seu reinado o terceiro mais longo da história europeia. Foi presidente da Confederação Germânica, entre 1850 e 1866. p. 103.

Geib, August (1842-1879) – Social-democrata, lassalliano e, mais tarde, eisenachiano; foi deputado do Reichstag a partir de 1874. p. 21.

Godin, Jean-Baptiste André (1817-1888) – Industrialista francês, atuou como escritor e pensador político. Entusiasta das ideias de Charles Fourier, idealizou e construiu uma colônia de trabalhadores em Guise, conhecida como *"familistère"* [familistério]. p. 81-2.

Goethe, Johann Wolfgang von (1749-1832) – Escritor e pensador alemão, foi um dos baluartes do romantismo europeu e um dos mentores do movimento literário Sturm und Drang. Autor dos clássicos *Os sofrimentos do jovem Werther* e *Fausto*. p. 134.

Guilherme I (1797-1888) – Tornou-se rei da Prússia em 1861 e, a partir de 1871, foi decretado imperador alemão. p. 103.

Hansemann, David (1790-1864) – Político e banqueiro prussiano, foi nomeado ministro das Finanças da Prússia em 1848. Capitalista conservador, retirou-se da vida política após o fracasso da revolução de 1848-1849. p. 72.

Haussmann, Georges-Eugène, Barão (1809-1891) – Político francês, bonapartista; participou do golpe de Estado de 1851. Foi prefeito dos departamentos do Sena de 1853 a 1870, quando realizou profundos trabalhos de reestruturação de Paris. p. 40, 104.

Hegel, Georg Wilhelm Friedrich (1770-1831) – Destacada figura do idealismo alemão, elaborou um sistema filosófico em que a consciência não é apenas consciência do objeto, mas também consciência de si. p. 113, 143.

Hepner, Adolf (1846-1925) – Escritor e jornalista alemão. Membro fundador do SDAP, foi um dos editores do jornal *Der Volksstaat*. Em 1889 publicou *Die Ikarier in*

144

Sobre a questão da moradia

Nordamerika, que aborda as ideias de Charles Fourier a partir do arcabouço teórico desenvolvido por Engels em *Anti-Dühring*. p. 14-8.

Hole, James (1820-1895) – Secretário honorário do Yorkshire Union of Mechanics Institutes e autor de *The History of Mechanics' Institutes*. p. 67.

Huber, Victor Aimé (1800-1869) – Médico alemão e, mais tarde, sociólogo e historiador da literatura, dedicou-se à elaboração de um modelo de habitação social conservador que chamou de "ocupação interna" (*innere Ansiedlung*). p. 67-8, 81, 83.

Jourde, François (1843-1893) – Contador francês, militou na Comuna de Paris como delegado ao Comitê Central da Guarda Nacional. Preso e exilado após a queda da Comuna, voltou a trabalhar com contabilidade em 1873. p. 112.

Kugelmann, Ludwig [Louis] (1828-1902) – Médico ginecologista, pensador e ativista alemão, foi amigo de Marx e Engels. p. 113, 150.

Lafargue, Paul (1842-1911) – Jornalista e revolucionário socialista franco-cubano. Foi genro de Karl Marx, casando-se com sua filha Laura. Seu mais conhecido trabalho é *O direito à preguiça*, publicado originalmente no jornal socialista *L'Égalité*. Suicidou-se com Laura aos 69 anos, em um pacto existencial. p. 55, 149-50.

Lassalle, Ferdinand (1825-1864) – Jurista e ativista político alemão, defensor dos ideais democráticos. Seguidor de Hegel e amigo de Marx, embora não estivessem de acordo a respeito das questões fundamentais de sua época. p. 13, 124, 126, 147-9.

Lavrov, Pjotr Lavrovitsch (1823-1900) – Poeta e jornalista russo, importante teórico do movimento narodnik. p. 115.

Liebknecht, Wilhelm (1826-1900) – Jornalista e um dos líderes do movimento operário alemão e internacional. Membro da Liga dos Comunistas e da Internacional, foi fundador do Partido dos Trabalhadores da Saxônia e cofundador do Partido Trabalhista Social-Democrata da Alemanha. p. 12, 15, 21, 148, 150-1.

Luís XVIII (1755-1824) – Rei da França ente 1814-1824. Seu reinado foi interrompido por curto período, pelo retorno de Napoleão ao poder em 1815. Sob sua administração, ocorreu o período conhecido como "Restauração". p. 70.

Malthus, Thomas Robert (1766-1834) – Sacerdote e economista inglês, principal representante da teoria da superpopulação. p. 125.

Montmore, Théodore Régère de [Dominique-Théophile] (1816-1893) – Integrante da Comuna de Paris. p. 112.

Napoleão Bonaparte (1769-1821) – Dirigente efetivo da França a partir de 1799 e imperador de 1804 a 1814 e 1815. p. 70.

Napoleão III [Luís Napoleão Bonaparte] (1808-1873) – Nascido Charles Louis Napoléon Bonaparte, era sobrinho de Napoleão I. Foi presidente da Segunda República francesa, de 1848 a 1852, e imperador da França de 1852 a 1870. p. 54, 143, 147, 151.

Friedrich Engels

Nieuwenhuis, Ferdinand Domela (1846-1919) – Originalmente pastor luterano, tornou-se um importante militante socialista holandês após abdicar de sua fé. Foi o primeiro socialista a ingressar no Parlamento Holandês e dedicou sua vida à luta dos trabalhadores. p. 112, 151.

Owen, Robert (1771-1858) – Pensador britânico, foi um expoente do socialismo utópico do início do século XIX e criou várias comunidades industriais, influindo no progresso das ideias dos operários ingleses. Defendeu inovações pedagógicas, como o jardim de infância, a escola ativa e os cursos noturnos. p. 53, 80-2, 148.

Péreire, Isaac (1806-1880) – Banqueiro francês bonapartista. Ao lado de seu irmão Jacques-Émile Péreire, fundou em 1852 o banco por ações Crédit Mobilier. Foi autor de vários trabalhos sobre o crédito. p. 101.

Péreire, Jacob Émile (1800-1875) – Financista francês, saint-simoniano. Em 1852, em sociedade com seu irmão, fundou o banco Crédit Mobilier. p. 101.

Pio, Louis Albert François (1841-1894) – Jornalista dinamarquês, foi um dos principais fundadores do movimento organizado dos trabalhadores na Dinamarca, além de fundador do Partido Social-Democrata daquele país. p. 138.

Proudhon, Pierre-Joseph (1809-1865) – Filósofo político e econômico francês, considerado um dos mais influentes autores anarquistas. Desenvolveu a teoria socioeconômica mutualista, que pregava o apoio mútuo entre os trabalhadores. p. 18-21, 26-9, 37, 40, 42-4, 47-8, 51-63, 72, 75, 109-13, 116-8, 121-6, 128, 130, 132, 135-7, 140-1, 144-6, 149.

Reschauer, Heinrich (1838-1888) – Escritor e jornalista austríaco. Liberal oriundo da classe média, foi cofundador do Partido Progressista alemão e editor-chefe do jornal *Volksstimme*. p. 130.

Roberts, Henry (1803-1876) – Arquiteto inglês célebre pela construção da Worshipful Company of Fishmongers, uma gigante de pescados de Londres, e por sua pesquisa acerca de habitações-modelo para trabalhadores. p. 67-8.

Sax, Emil (1845-1927) – Economista austríaco nascido em Javorník. Lecionou na Universidade Carolina de Praga e escreveu, entre outros livros, *Die Wohnungszustände der arbeitenden Klassen und ihre Reform* [As condições de moradia das classes trabalhadoras e sua reforma]. p. 16-7, 26, 66-88, 90-2, 96-9.

Schlüter, Hermann (1851-1919) – Historiador alemão e figura expoente no movimento dos trabalhadores tanto na Alemanha quanto nos Estados Unidos, onde viveu. Contribuiu na editora do Partido Trabalhista Social-Democrata da Alemanha. p. 21.

Schulze-Delitzsch, Franz Hermann (1808-1883) – Economista e um dos líderes do Partido Progressista, nos anos 1860. Propagou as cooperativas de produção na Alemanha. p. 92, 131.

Seiffert, Rudolf F. (1853-1885) – Pseudônimo de Carl Höchberg. Escritor e editor com formação em economia, foi membro do Partido Trabalhista Social-Democrata da Alemanha , além de editor e redator do *Der Volksstaat*. p. 15, 18.

Sobre a questão da moradia

Sorge, Friedrich Adolph (1828-1906) – Comunista alemão, foi condenado à morte por sua atividade revolucionária, por isso emigrou para os Estados Unidos em 1852, onde passou a militar no movimento operário local. Fundou o Clube dos Comunistas de Nova York, em 1857, e o Socialist Labor Party of America, em 1877. p. 112.

Stieber, Wilhelm (1818-1882) – Chefe da polícia política prussiana. Em 1852, obteve informações fundamentais para o processo dos comunistas de Colônia e, nas guerras de 1866 e 1870-1871, foi chefe do serviço de espionagem prussiano. p. 103.

Strousberg, Bethel Henry (1823-1884) – Industrial e empresário ferroviário alemão. Entre outras obras notáveis, foi responsável pela construção do Palácio dos Rohan de Estrasburgo, ao lado do arquiteto August Orth. p. 101.

Stumpf, Paul Peter (1826-1912) – Político e industrial alemão, oriundo de uma família tradicional. Simpatizante do movimento trabalhista e das ideias de Marx e Engels, dos quais era amigo, foi investigado pela polícia. p. 114.

"Tio Bräsig" (Onkel Bräsig) – Protagonista do clássico livro alemão *Ut mine Stromtid*, de Fritz Reuter, que foi levado às telas do cinema em 1936, com direção de Erich Waschneck. p. 126.

Vaillant, Marie Édouard (1840-1915) – Engenheiro, naturalista e médico francês, declarava-se blanquista e foi membro da Internacional e da Comuna de Paris. Condenado à morte em Paris em 1871, fugiu para Londres. Desligou-se da Internacional em 1872 e foi cofundador, em 1905, do Partido Socialista Francês. p. 112.

Varlin, Louis Eugène (1839-1871) – Encadernador francês proudhoniano, entrou para a Internacional em 1865, sendo seu cofundador na França. Membro do Comitê Central da Guarda Nacional e da Comuna de Paris, foi assassinado pelos versalheses em 28 de maio de 1871. p. 112, 150.

Von Beust, Friedrich Ferdinand (1809-1886) – Diplomata e estadista alemão e austríaco, descendia de uma família da nobreza de Dresden e tinha o título de conde. p. 103.

Von Liebig, Justus (1803-1873) – Pesquisador alemão, é considerado o pioneiro da química orgânica. Descobriu vários elementos químicos e foi o primeiro cientista a comprovar que as plantas alimentam-se de matéria inorgânica, em vez de matéria em decomposição, revolucionando a agricultura e a produção de alimentos. p. 131-2.

Wagner, Adolph (1835-1917) – Economista e político socialista alemão. Dedicou-se aos estudos das finanças públicas e era defensor do agrarianismo, filosofia política que entende a sociedade rural como superior à urbana. p. 103, 151.

Walesrode, Ludwig (1810-1889) – Escritor, jornalista e editor alemão. Dirigiu o jornal *Deutsche Jahrbücher fur Politik und Literatur*. p. 68.

CRONOLOGIA RESUMIDA DE MARX E ENGELS

	Karl Marx	Friedrich Engels	Fatos históricos
1818	Em Trier (capital da província alemã do Reno), nasce Karl Marx (5 de maio), o segundo de oito filhos de Heinrich Marx e Enriqueta Pressburg. Trier na época era influenciada pelo liberalismo revolucionário francês e pela reação ao Antigo Regime, vinda da Prússia.		Simón Bolívar declara a Venezuela independente da Espanha.
1820		Nasce Friedrich Engels (28 de novembro), primeiro dos oito filhos de Friedrich Engels e Elizabeth Franziska Mauritia van Haar, em Barmen, Alemanha. Cresce no seio de uma conservadora família de industriais.	George IV se torna rei da Inglaterra, pondo fim à Regência. Insurreição constitucionalista em Portugal.
1824	O pai de Marx, nascido Hirschel, advogado e conselheiro de Justiça, é obrigado a abandonar o judaísmo por motivos profissionais e políticos (os judeus estavam proibidos de ocupar cargos públicos na Renânia). Marx entra para o Ginásio de Trier (outubro).		Simón Bolívar se torna chefe do Executivo do Peru.
1830	Inicia seus estudos no Liceu Friedrich Wilhelm, em Trier.		A população de Paris insurge-se contra a promulgação de leis que dissolvem a Câmara e suprimem a liberdade de imprensa. Luís Filipe assume o poder.
1831			Em 14 de novembro, morre Hegel.
1834		Engels ingressa, em outubro, no Ginásio de Elberfeld.	A escravidão é abolida no Império Britânico. Insurreição operária em Lyon.
1835	Escreve *Reflexões de um jovem perante a escolha de sua profissão*. Presta exame final de bacharelado em Trier (24 de setembro). Inscreve-se na Universidade de Bonn.		Revolução Farroupilha, no Brasil. O Congresso alemão faz moção contra o movimento de escritores Jovem Alemanha.
1836	Estuda Direito na Universidade de Bonn. Participa do Clube de Poetas e de associações estudantis. No verão, fica noivo em segredo de Jenny von Westphalen, sua vizinha em Trier. Em razão da oposição entre as famílias,	Na juventude, fica impressionado com a miséria em que vivem os trabalhadores das fábricas de sua família. Escreve *Poema*.	Fracassa o golpe de Luís Napoleão em Estrasburgo. Criação da Liga dos Justos

149

Friedrich Engels

Karl Marx	Friedrich Engels	Fatos históricos
casar-se-iam apenas sete anos depois. Matricula-se na Universidade de Berlim.		
1837 Transfere-se para a Universidade de Berlim e estuda com mestres como Gans e Savigny. Escreve *Canções selvagens* e *Transformações*. Em carta ao pai, descreve sua relação contraditória com o hegelianismo.	Por insistência do pai, Engels deixa o ginásio e começa a trabalhar nos negócios da família. Escreve *História de um pirata*.	A rainha Vitória assume o trono na Inglaterra.
1838 Entra para o Clube dos Doutores, encabeçado por Bruno Bauer. Perde o interesse pelo Direito e entrega-se com paixão ao estudo da Filosofia, o que lhe compromete a saúde. Morre seu pai.	Estuda comércio em Bremen. Começa a escrever ensaios literários e sociopolíticos, poemas e panfletos filosóficos em periódicos como o *Hamburg Journal* e o *Telegraph für Deutschland*.	Richard Cobden funda a Anti-Corn-Law-League, na Inglaterra. Proclamação da Carta do Povo, que originou o cartismo.
1839	Escreve o primeiro trabalho de envergadura, *Briefe aus dem Wupperthal* [Cartas de Wupperthal], sobre a vida operária em Barmen e na vizinha Elberfeld (*Telegraph für Deutschland*, primavera). Outros viriam, como *Literatura popular alemã*, *Karl Beck* e *Memorabilia de Immermann*. Estuda a filosofia de Hegel.	Feuerbach publica *Zur Kritik der Hegelschen Philosophie* [Crítica da filosofia hegeliana]. Primeira proibição do trabalho de menores na Prússia. Auguste Blanqui lidera o frustrado levante de maio, na França.
1840 K. F. Koeppen dedica a Marx seu estudo *Friedrich der Grosse und seine Widersacher* [Frederico, o Grande, e seus adversários].	Engels publica *Réquiem para o Aldeszeitung alemão* (abril), *Vida literária moderna*, no *Mitternachtzeitung* (março-maio) e *Cidade natal de Siegfried* (dezembro).	Proudhon publica *O que é a propriedade?* [*Qu'est-ce que la propriété?*].
1841 Com uma tese sobre as diferenças entre as filosofias de Demócrito e Epicuro, Marx recebe em lena o título de doutor em Filosofia (15 de abril). Volta a Trier. Bruno Bauer, acusado de ateísmo, é expulso da cátedra de Teologia da Universidade de Bonn e, com isso, Marx perde a oportunidade de atuar como docente nessa universidade.	Publica *Ernst Moritz Arndt*. Seu pai o obriga a deixar a escola de comércio para dirigir os negócios da família. Engels prosseguiria sozinho seus estudos de filosofia, religião, literatura e política. Presta o serviço militar em Berlim por um ano. Frequenta a Universidade de Berlim como ouvinte e conhece os jovens hegelianos. Critica intensamente o conservadorismo na figura de Schelling, com os escritos *Schelling em Hegel*, *Schelling e a revelação* e *Schelling, filósofo em Cristo*.	Feuerbach traz a público *A essência do cristianismo* [*Das Wesen des Christentums*]. Primeira lei trabalhista na França.
1842 Elabora seus primeiros trabalhos como publicista. Começa a colaborar com o jornal *Rheinische Zeitung* [Gazeta Renana], publicação da burguesia em Colônia, do qual mais tarde seria redator. Conhece Engels, que na ocasião visitava o jornal.	Em Manchester, assume a fiação do pai, a Ermen & Engels. Conhece Mary Burns, jovem trabalhadora irlandesa, que viveria com ele até a morte dela. Mary e a irmã Lizzie mostram a Engels as dificuldades da vida operária, e ele inicia estudos sobre os efeitos do capitalismo no operariado inglês. Publica artigos no *Rheinische Zeitung*, entre eles "Crítica às leis de imprensa prussianas" e "Centralização e liberdade".	Eugène Sue publica *Os mistérios de Paris*. Feuerbach publica *Vorläufige Thesen zur Reform der Philosophie* [Teses provisórias para uma reforma da filosofia]. O Ashley's Act proíbe o trabalho de menores e mulheres em minas na Inglaterra.
1843 Sob o regime prussiano, é fechado o *Rheinische Zeitung*. Marx casa-se com Jenny von Westphalen. Recusa convite do governo prussiano para ser redator no diário oficial. Redige os manuscritos que viriam a ser conhecidos como *Crítica da filosofia do direito de Hegel* [*Zur Kritik der Hegelschen Rechtsphilosophie*]. Em outubro vai a Paris, onde Moses Hess e George Herwegh o apresentam às sociedades secretas socialistas e comunistas e às	Engels escreve, com Edgar Bauer, o poema satírico "Como a Bíblia escapa milagrosamente a um atentado impudente, ou o triunfo da fé", contra o obscurantismo religioso. O jornal *Schweuzerisher Republicaner* publica suas "Cartas de Londres". Em Bradford, conhece o poeta G. Weerth. Começa a escrever para a imprensa cartista. Mantém contato com a Liga dos Justos. Ao longo desse período, suas cartas à irmã favorita, Marie, revelam seu amor	Feuerbach publica *Grundsätze der Philosophie der Zukunft* [Princípios da filosofia do futuro].

Sobre a questão da moradia

Karl Marx	Friedrich Engels	Fatos históricos
associações operárias alemãs. Conclui *Sobre a questão judaica* [*Zur Judenfrage*]. Substitui Arnold Ruge na direção dos *Deutsch-Französische Jahrbücher* [Anais Franco-Alemães]. Em dezembro inicia grande amizade com Heinrich Heine e conclui sua "Crítica da filosofia do direito de Hegel – Introdução" ["Zur Kritik der Hegelschen Rechtsphilosophie – Einleitung"].	pela natureza e por música, livros, pintura, viagens, esporte, vinho, cerveja e tabaco.	

1844 Em colaboração com Arnold Ruge, elabora e publica o primeiro e único volume dos *Deutsch-Französische Jahrbücher*, no qual participa com dois artigos: "A questão judaica" e "Introdução a uma crítica da filosofia do direito de Hegel". Escreve os *Manuscritos econômico-filosóficos* [*Ökonomisch-philosophische Manuskripte*]. Colabora com o *Vorwärts!* [Avante!], órgão de imprensa dos operários alemães na emigração. Conhece a Liga dos Justos, fundada por Weitling. Amigo de Heine, Leroux, Blanqui, Proudhon e Bakunin, inicia em Paris estreita amizade com Engels. Nasce Jenny, primeira filha de Marx. Rompe com Ruge e desliga-se dos *Deutsch-Französische Jahrbücher*. O governo decreta a prisão de Marx, Ruge, Heine e Bernays pela colaboração nos *Deutsch-Französische Jahrbücher*. Encontra Engels em Paris e iniciam seu primeiro trabalho juntos, *A sagrada família* [*Die heilige Familie*]. Marx publica no *Vorwärts!* artigo sobre a greve na Silésia.

Em fevereiro, Engels publica *Esboço para uma crítica da economia política* [*Umrisse zu einer Kritik der Nationalökonomie*], texto que influenciou profundamente Marx. Segue à frente dos negócios do pai, escreve para os *Deutsch-Französische Jahrbücher* e colabora com o jornal *Vorwärts!*. Deixa Manchester. Em Paris, torna-se amigo de Marx, com quem desenvolve atividades militantes, o que os leva a criar laços cada vez mais profundos com as organizações de trabalhadores de Paris e Bruxelas. Vai para Barmen.

O Graham's Factory Act regula o horário de trabalho para menores e mulheres na Inglaterra. Fundado o primeiro sindicato operário na Alemanha. Insurreição de operários têxteis na Silésia e na Boêmia.

1845 Por causa do artigo sobre a greve na Silésia, a pedido do governo prussiano Marx é expulso da França, juntamente com Bakunin, Bürgers e Bornstedt. Muda-se para Bruxelas e, em colaboração com Engels, escreve e publica em Frankfurt *A sagrada família*. Ambos começam a escrever *A ideologia alemã* [*Die deutsche Ideologie*], e Marx elabora "As teses sobre Feuerbach" [*Thesen über Feuerbach*]. Em setembro, nasce Laura, segunda filha de Marx e Jenny. Em dezembro, ele renuncia à nacionalidade prussiana.

As observações de Engels sobre a classe trabalhadora de Manchester, feitas anos antes, formam a base de uma de suas obras principais, *A situação da classe trabalhadora na Inglaterra* [*Die Lage der arbeitenden Klasse in England*] (traduzida para o inglês 40 anos mais tarde). Em Barmen, organiza debates sobre as ideias comunistas com Hess e profere os *Discursos de Elberfeld*. Em abril sai de Barmen e encontra Marx em Bruxelas. Juntos, estudam economia e fazem uma breve visita a Manchester, onde percorrem alguns jornais locais, como o *Manchester Guardian* e o *Volunteer Journal for Lancashire and Cheshire*. É lançada *A situação da classe trabalhadora na Inglaterra*, em Leipzig. Começa sua vida em comum com Mary Burns.

Criada a organização internacionalista Democratas Fraternais, em Londres. Richard M. Hoe registra a patente da primeira prensa rotativa moderna.

1846 Marx e Engels organizam em Bruxelas o primeiro Comitê de Correspondência da Liga dos Justos, uma rede de correspondentes comunistas em diversos países, a qual Proudhon se nega a integrar. Em carta a Annenkov, Marx critica o recém-publicado *Sistema das contradições econômicas ou Filosofia da miséria* [*Système des contradictions économiques ou*

Seguindo instruções do Comitê de Bruxelas, Engels estabelece estreitos contatos com socialistas e comunistas franceses. No outono, ele se desloca para Paris com a incumbência de estabelecer novos comitês de correspondência. Participa de um encontro de trabalhadores alemães em Paris, propagando ideias comunistas e discorrendo sobre a

Os Estados Unidos declaram guerra ao México. Rebelião polonesa em Cracóvia. Crise alimentar na Europa. Abolidas, na Inglaterra, as "leis dos cereais".

Friedrich Engels

	Karl Marx	Friedrich Engels	Fatos históricos
	Philosophie de la misère], de Proudhon. Redige com Engels a *Zirkular gegen Kriege* [Circular contra Kriege], crítica a um alemão emigrado dono de um periódico socialista em Nova York. Por falta de editor, Marx e Engels desistem de publicar *A ideologia alemã* (a obra só seria publicada em 1932, na União Soviética). Em dezembro, nasce Edgar, o terceiro filho de Marx.	utopia de Proudhon e o socialismo real de Karl Grün.	
1847	Filia-se à Liga dos Justos, em seguida nomeada Liga dos Comunistas. Realiza-se o primeiro congresso da associação em Londres (junho), ocasião em que se encomenda a Marx e Engels um manifesto dos comunistas. Eles participam do congresso de trabalhadores alemães em Bruxelas e, juntos, fundam a Associação Operária Alemã de Bruxelas. Marx é eleito vice-presidente da Associação Democrática. Conclui e publica a edição francesa de *Miséria da filosofia* [*Misère de la philosophie*] (Bruxelas, julho).	Engels viaja a Londres e participa com Marx do I Congresso da Liga dos Justos. Publica *Princípios do comunismo* [*Grundsätze des Kommunismus*], uma "versão preliminar" do *Manifesto Comunista* [*Manifest der Kommunistischen Partei*]. Em Bruxelas, com Marx, participa da reunião da Associação Democrática, voltando em seguida a Paris para mais uma série de encontros. Depois de atividades em Londres, volta a Bruxelas e escreve, com Marx, o *Manifesto Comunista*.	A Polônia torna-se província russa. Guerra civil na Suíça. Realiza-se em Londres o II Congresso da Liga dos Comunistas (novembro).
1848	Marx discursa sobre o livre-cambismo numa das reuniões da Associação Democrática. Com Engels publica, em Londres (fevereiro), o *Manifesto Comunista*. O governo revolucionário francês, por meio de Ferdinand Flocon, convida Marx a morar em Paris após o governo belga expulsá-lo de Bruxelas. Redige com Engels "Reivindicações do Partido Comunista da Alemanha" [*Forderungen der Kommunistischen Partei in Deutschland*] e organiza o regresso dos membros alemães da Liga dos Comunistas à pátria. Com sua família e com Engels, muda-se em fins de maio para Colônia, onde ambos fundam o jornal *Neue Rheinische Zeitung* [Nova Gazeta Renana], cuja primeira edição é publicada em 1º de junho, com o subtítulo *Organ der Demokratie*. Marx começa a dirigir a Associação Operária de Colônia e acusa a burguesia alemã de traição. Proclama o terrorismo revolucionário como único meio de amenizar "as dores de parto" da nova sociedade. Conclama ao boicote fiscal e à resistência armada.	Expulso da França por suas atividades políticas, chega a Bruxelas no fim de janeiro. Juntamente com Marx, toma parte na insurreição alemã, de cuja derrota falaria quatro anos depois em *Revolução e contrarrevolução na Alemanha* [*Revolution und Konterevolution in Deutschland*]. Engels exerce o cargo de editor do *Neue Rheinische Zeitung*, recém-criado por ele e Marx. Participa, em setembro, do Comitê de Segurança Pública criado para rechaçar a contrarrevolução, durante grande ato popular promovido pelo *Neue Rheinische Zeitung*. O periódico sofre suspensões, mas prossegue ativo. Procurado pela polícia, tenta se exilar na Bélgica, onde é preso e depois expulso. Muda-se para a Suíça.	Definida, na Inglaterra, a jornada de dez horas para menores e mulheres na indústria têxtil. Criada a Associação Operária, em Berlim. Fim da escravidão na Áustria. Abolição da escravidão nas colônias francesas. Barricadas em Paris: eclode a revolução; o rei Luís Filipe abdica e a República é proclamada. A revolução se alastra pela Europa. Em junho, Blanqui lidera novas insurreições operárias em Paris, brutalmente reprimidas pelo general Cavaignac. Decretado estado de sítio em Colônia em reação a protestos populares. O movimento revolucionário reflui.
1849	Marx e Engels são absolvidos em processo por participação nos distúrbios de Colônia (ataques a autoridades publicados no *Neue Rheinische Zeitung*). Ambos defendem a liberdade de imprensa na Alemanha. Marx é convidado a deixar o país, mas ainda publicaria *Trabalho assalariado e capital* [*Lohnarbeit und Kapital*]. O periódico, em difícil situação, é extinto (maio). Marx, em condição financeira precária, tenta voltar a Paris, mas, impedido de ficar, é obrigado a deixar a cidade em 24 horas. Graças a uma campanha de arrecadação de fundos	Em janeiro, Engels retorna a Colônia. Em maio, toma parte militarmente na resistência à reação. À frente de um batalhão de operários, entra em Elberfeld, motivo pelo qual sofre sanções legais por parte das autoridades prussianas, enquanto Marx é convidado a deixar o país. É publicado o último número do *Neue Rheinische Zeitung*. Marx e Engels vão para o sudoeste da Alemanha, onde Engels envolve-se no levante de Baden-Palatinado, antes de seguir para Londres.	Proudhon publica *Les confessions d'un révolutionnaire* [As confissões de um revolucionário]. A Hungria proclama sua independência da Áustria. Após período de refluxo, reorganiza--se no fim do ano, em Londres, o Comitê Central da Liga dos Comunistas, com a participação de Marx e Engels.

Sobre a questão da moradia

Karl Marx	Friedrich Engels	Fatos históricos
promovida por Ferdinand Lassalle na Alemanha, Marx se estabelece com a família em Londres, onde nasce Guido, seu quarto filho (novembro).		
1850 Ainda em dificuldades financeiras, organiza a ajuda aos emigrados alemães. A Liga dos Comunistas reorganiza as sessões locais e é fundada a Sociedade Universal dos Comunistas Revolucionários, cuja liderança logo se fraciona. Edita em Londres a *Neue Rheinische Zeitung* [Nova Gazeta Renana], revista de economia política, bem como *Lutas de classe na França* [*Die Klassenkämpfe in Frankreich*]. Morre o filho Guido.	Publica *A guerra dos camponeses na Alemanha* [*Der deutsche Bauernkrieg*]. Em novembro, retorna a Manchester, onde viverá por vinte anos, e às suas atividades na Ermen & Engels; o êxito nos negócios possibilita ajudas financeiras a Marx.	Abolição do sufrágio universal na França.
1851 Continua em dificuldades, mas, graças ao êxito dos negócios de Engels em Manchester, conta com ajuda financeira. Dedica-se intensamente aos estudos de economia na biblioteca do Museu Britânico. Aceita o convite de trabalho do *New York Daily Tribune*, mas é Engels quem envia os primeiros textos, intitulados "Contrarrevolução na Alemanha", publicados sob a assinatura de Marx. Hermann Becker publica em Colônia o primeiro e único tomo dos *Ensaios escolhidos de Marx*. Nasce Francisca (28 de março), a quinta de seus filhos.	Engels, ao lado de Marx, começa a colaborar com o Movimento Cartista [Chartist Movement]. Estuda língua, história e literatura eslava e russa.	Na França, golpe de Estado de Luís Bonaparte. Realização da primeira Exposição Universal, em Londres.
1852 Envia ao periódico *Die Revolution*, de Nova York, uma série de artigos sobre *O 18 de brumário de Luís Bonaparte* [*Der achtzehnte Brumaire des Louis Bonaparte*]. Sua proposta de dissolução da Liga dos Comunistas é acolhida. A difícil situação financeira é amenizada com o trabalho para o *New York Daily Tribune*. Morre a filha Francisca, nascida um ano antes.	Publica *Revolução e contrarrevolução na Alemanha* [*Revolution und Konterevolution in Deutschland*]. Com Marx, elabora o panfleto *O grande homem do exílio* [*Die grossen Männer des Exils*] e uma obra, hoje desaparecida, chamada *Os grandes homens oficiais da Emigração*; nela, atacam os dirigentes burgueses da emigração em Londres e defendem os revolucionários de 1848-1849. Expõem, em cartas e artigos conjuntos, os planos do governo, da polícia e do judiciário prussianos, textos que teriam grande repercussão.	Luís Bonaparte é proclamado imperador da França, com o título de Napoleão Bonaparte III.
1853 Marx escreve, tanto para o *New York Daily Tribune* quanto para o *People's Paper*, inúmeros artigos sobre temas da época. Sua precária saúde o impede de voltar aos estudos econômicos interrompidos no ano anterior, o que faria somente em 1857. Retoma a correspondência com Lassalle.	Escreve artigos para o *New York Daily Tribune*. Estuda persa e a história dos países orientais. Publica, com Marx, artigos sobre a Guerra da Crimeia.	A Prússia proíbe o trabalho para menores de 12 anos.
1854 Continua colaborando com o *New York Daily Tribune*, dessa vez com artigos sobre a revolução espanhola.		
1855 Começa a escrever para o *Neue Oder Zeitung*, de Breslau, e segue como colaborador do *New York Daily Tribune*. Em 16 de janeiro, nasce Eleanor, sua sexta filha, e em 6 de abril morre Edgar, o terceiro.	Escreve uma série de artigos para o periódico *Putman*.	Morte de Nicolau I, na Rússia, e ascensão do czar Alexandre II.
1856 Ganha a vida redigindo artigos para jornais. Discursa sobre o progresso técnico e a revolução proletária em uma	Acompanhado da mulher, Mary Burns, Engels visita a terra natal dela, a Irlanda.	Morrem Max Stirner e Heinrich Heine.

Friedrich Engels

Karl Marx	Friedrich Engels	Fatos históricos
festa do *People's Paper*. Estuda a história e a civilização dos povos eslavos. A esposa Jenny recebe uma herança da mãe, o que permite que a família se mude para um apartamento mais confortável.		Guerra franco-inglesa contra a China.
1857 Retoma os estudos sobre economia política. Fica no Museu Britânico das nove da manhã às sete da noite e trabalha madrugada adentro. Só descansa quando adoece e aos domingos, nos passeios com a família em Hampstead. O médico o proíbe de trabalhar à noite. Começa a redigir os manuscritos que viriam a ser conhecidos como *Grundrisse der Kritik der Politischen Ökonomie* [Esboços de uma crítica da economia política], e que servirão de base à obra *Para a crítica da economia política* [*Zur Kritik der Politischen Ökonomie*]. Escreve a célebre *Introdução de 1857*. Continua a colaborar no *New York Daily Tribune*. Escreve artigos sobre Jean-Baptiste Bernadotte, Simón Bolívar, Gebhard Blücher e outros na *New American Encyclopaedia* [Nova Enciclopédia Americana]. Atravessa novo período de dificuldades financeiras e tem um filho natimorto.	Adoece gravemente em maio. Analisa a situação no Oriente Médio, estuda a questão eslava e aprofunda suas reflexões sobre temas militares. Sua contribuição para a *New American Encyclopaedia* [Nova Enciclopédia Americana], versando sobre as guerras, faz de Engels um continuador de Von Clausewitz e um precursor de Lenin e Mao Tsé-Tung. Continua trocando cartas com Marx, discorrendo sobre a crise na Europa e nos Estados Unidos.	O divórcio, sem necessidade de aprovação parlamentar, se torna legal na Inglaterra.
1858 O *New York Daily Tribune* deixa de publicar alguns de seus artigos. Marx dedica-se à leitura de *Ciência da lógica* [*Wissenschaft der Logik*] de Hegel. Agravam-se os problemas de saúde e a penúria.	Engels dedica-se ao estudo das ciências naturais.	Morre Robert Owen.
1859 Publica em Berlim *Para a crítica da economia política*. A obra só não fora publicada antes porque não havia dinheiro para postar o original. Marx comenta: "Seguramente é a primeira vez que alguém escreve sobre o dinheiro com tanta falta dele". O livro, muito esperado, foi um fracasso. Nem seus companheiros mais entusiastas, como Liebknecht e Lassalle, o compreenderam. Escreve mais artigos no *New York Daily Tribune*. Começa a colaborar com o periódico londrino *Das Volk*, contra o grupo de Edgar Bauer. Marx polemiza com Karl Vogt (a quem acusa de ser subsidiado pelo bonapartismo), Blind e Freiligrath.	Faz uma análise, com Marx, da teoria revolucionária e suas táticas, publicada em coluna do *Das Volk*. Escreve o artigo "Po und Rhein" [Pó e Reno], em que analisa o bonapartismo e as lutas liberais na Alemanha e na Itália. Enquanto isso, estuda gótico e inglês arcaico. Em dezembro, lê o recém-publicado *A origem das espécies* [*The Origin of Species*], de Darwin.	A França declara guerra à Áustria.
1860 Vogt começa uma série de calúnias contra Marx, e as querelas chegam aos tribunais de Berlim e Londres. Marx escreve *Herr Vogt* [Senhor Vogt].	Engels vai a Barmen para o sepultamento de seu pai (20 de março). Publica a brochura *Savoia, Nice e o Reno* [*Savoyen, Nizza und der Rhein*], polemizando com Lassalle. Continua escrevendo para vários periódicos, entre eles o *Allgemeine Militar Zeitung*. Contribui com artigos sobre o conflito de secessão nos Estados Unidos no *New York Daily Tribune* e no jornal liberal *Die Presse*.	Giuseppe Garibaldi toma Palermo e Nápoles.

Sobre a questão da moradia

Karl Marx	Friedrich Engels	Fatos históricos
1861 Enfermo e depauperado, Marx vai à Holanda, onde o tio Lion Philiph concorda em adiantar-lhe uma quantia, por conta da herança de sua mãe. Volta a Berlim e projeta com Lassalle um novo periódico. Reencontra velhos amigos e visita a mãe em Trier. Não consegue recuperar a nacionalidade prussiana. Regressa a Londres e participa de uma ação em favor da libertação de Blanqui. Retoma seus trabalhos científicos e a colaboração com o *New York Daily Tribune* e o *Die Presse* de Viena.		Guerra Civil Norte--Americana. Abolição da servidão na Rússia.
1862 Trabalha o ano inteiro em sua obra científica e encontra-se várias vezes com Lassalle. Em suas cartas a Engels, desenvolve uma crítica à teoria ricardiana sobre a renda da terra. O *New York Daily Tribune*, justificando-se com a situação econômica interna norte-americana, dispensa os serviços de Marx, o que reduz ainda mais seus rendimentos. Viaja à Holanda e a Trier, e novas solicitações ao tio e à mãe são negadas. De volta a Londres, tenta um cargo de escrevente da ferrovia, mas é reprovado por causa da caligrafia.		Nos Estados Unidos, Lincoln decreta a abolição da escravatura. O escritor Victor Hugo publica *Les misérables* [Os miseráveis].
1863 Marx continua seus estudos no Museu Britânico e se dedica também à matemática. Começa a redação definitiva de *O capital* [*Das Kapital*] e participa de ações pela independência da Polônia. Morre sua mãe (novembro), deixando-lhe algum dinheiro como herança.	Morre, em Manchester, Mary Burns, companheira de Engels (6 de janeiro). Ele permaneceria morando com a cunhada Lizzie. Esboça, mas não conclui um texto sobre rebeliões camponesas.	
1864 Malgrado a saúde, continua a trabalhar em sua obra científica. É convidado a substituir Lassalle (morto em duelo) na Associação Geral dos Operários Alemães. O cargo, entretanto, é ocupado por Becker. Apresenta o projeto e o estatuto de uma Associação Internacional dos Trabalhadores, durante encontro internacional no Saint Martin's Hall de Londres. Marx elabora o "Manifesto de Inauguração da Associação Internacional dos Trabalhadores".	Engels participa da fundação da Associação Internacional dos Trabalhadores, depois conhecida como a Primeira Internacional. Torna-se coproprietário da Ermen & Engels. No segundo semestre, contribui, com Marx, para o *Sozial-Demokrat*, periódico da social-democracia alemã que populariza as ideias da Internacional na Alemanha.	Dühring traz a público seu *Kapital und Arbeit* [Capital e trabalho]. Fundação, na Inglaterra, da Associação Internacional dos Trabalhadores. É reconhecido o direito a férias na França. Morre Wilhelm Wolff, amigo íntimo de Marx, a quem é dedicado *O capital*.
1865 Conclui a primeira redação de *O capital* e participa do Conselho Central da Internacional (setembro), em Londres. Marx escreve *Salário, preço e lucro* [*Lohn, Preis und Profit*]. Publica no *Sozial-Demokrat* uma biografia de Proudhon, morto recentemente. Conhece o socialista francês Paul Lafargue, seu futuro genro.	Recebe Marx em Manchester. Ambos rompem com Schweitzer, diretor do *Sozial-Demokrat*, por sua orientação lassalliana. Engels publica *A questão militar na Prússia e o Partido Operário Alemão* [*Die preussische Militärfrage und die deutsche Arbeiterpartei*].	Assassinato de Lincoln. Proudhon publica *De la capacité politique des classes ouvrières* [A capacidade política das classes operárias]. Morre Proudhon.
1866 Apesar dos intermináveis problemas financeiros e de saúde, Marx conclui a redação do Livro I de *O capital*. Prepara a pauta do primeiro Congresso da Internacional e as teses do Conselho Central. Pronuncia discurso sobre a situação na Polônia.	Escreve a Marx sobre os trabalhadores emigrados da Alemanha e pede a intervenção do Conselho Geral da Internacional.	Na Bélgica, é reconhecido o direito de associação e a férias. Fome na Rússia.

Friedrich Engels

	Karl Marx	Friedrich Engels	Fatos históricos
1867	O editor Otto Meissner publica, em Hamburgo, o primeiro volume de *O capital*. Os problemas de Marx o impedem de prosseguir no projeto. Redige instruções para Wilhelm Liebknecht, recém-ingressado na Dieta prussiana como representante social-democrata.	Engels estreita relações com os revolucionários alemães, especialmente Liebknecht e Bebel. Envia carta de congratulações a Marx pela publicação do Livro I de *O capital*. Estuda as novas descobertas da química e escreve artigos e matérias sobre *O capital*, com fins de divulgação.	
1868	Piora o estado de saúde de Marx, e Engels continua ajudando-o financeiramente. Marx elabora estudos sobre as formas primitivas de propriedade comunal, em especial sobre o *mir* russo. Corresponde-se com o russo Danielson e lê Dühring. Bakunin se declara discípulo de Marx e funda a Aliança Internacional da Social-Democracia. Casamento da filha Laura com Lafargue.	Engels elabora uma sinopse do Livro I de *O capital*.	Em Bruxelas, acontece o I Congresso da Associação Internacional dos Trabalhadores (setembro).
1869	Liebknecht e Bebel fundam o Partido Operário Social-Democrata alemão, de linha marxista. Marx, fugindo das polícias da Europa continental, passa a viver em Londres com a família, na mais absoluta miséria. Continua os trabalhos para o segundo livro de *O capital*. Vai a Paris sob nome falso, onde permanece algum tempo na casa de Laura e Lafargue. Mais tarde, acompanhado da filha Jenny, visita Kugelmann em Hannover. Estuda russo e a história da Irlanda. Corresponde-se com De Paepe.	Em Manchester, dissolve a empresa Ermen & Engels, que havia assumido após a morte do pai. Com um soldo anual de 350 libras, auxilia Marx e sua família. Mantém intensa correspondência com Marx. Começa a contribuir com o *Volksstaat*, o órgão de imprensa do Partido Social-Democrata alemão. Escreve uma pequena biografia de Marx, publicada no *Die Zukunft* (julho). É lançada a primeira edição russa do *Manifesto Comunista*. Em setembro, acompanhado de Lizzie, Marx e Eleanor, visita a Irlanda.	Fundação do Partido Social-Democrata alemão. Congresso da Primeira Internacional na Basileia, Suíça.
1870	Continua interessado na situação russa e em seu movimento revolucionário. Em Genebra, instala-se uma seção russa da Internacional, na qual se acentua a oposição entre Bakunin e Marx, que redige e distribui uma circular confidencial sobre as atividades dos bakunistas e sua aliança. Redige o primeiro comunicado da Internacional sobre a guerra franco-prussiana e exerce, a partir do Conselho Central, uma grande atividade em favor da República francesa. Por meio de Serrailler, envia instruções para os membros da Internacional presos em Paris. A filha Jenny colabora com Marx em artigos para *A Marselhesa* sobre a repressão dos irlandeses por policiais britânicos.	Engels escreve *História da Irlanda* [*Die Geschichte Irlands*]. Começa a colaborar com o periódico inglês *Pall Mall Gazette*, discorrendo sobre a guerra franco-prussiana. Deixa Manchester em setembro, acompanhado de Lizzie, e instala-se em Londres para promover a causa comunista. Lá, continua escrevendo para o *Pall Mall Gazette*, dessa vez sobre o desenvolvimento das oposições. É eleito por unanimidade para o Conselho Geral da Primeira Internacional. O contato com o mundo do trabalho permitiu a Engels analisar, em profundidade, as formas de desenvolvimento do modo de produção capitalista. Suas conclusões seriam utilizadas por Marx em *O capital*.	Na França, são presos membros da Associação Internacional dos Trabalhadores. Em 22 de abril, nasce Vladimir Lenin.
1871	Atua na Internacional em prol da Comuna de Paris. Instrui Frankel e Varlin e redige o folheto *Der Bürgerkrieg in Frankreich* [*A guerra civil na França*]. É violentamente atacado pela imprensa conservadora. Em setembro, durante a Internacional em Londres, é reeleito secretário da seção russa. Revisa o Livro I de *O capital* para a segunda edição alemã.	Prossegue suas atividades no Conselho Geral e atua junto à Comuna de Paris, que instaura um governo operário na capital francesa entre 26 de março e 28 de maio. Participa com Marx da Conferência de Londres da Internacional.	A Comuna de Paris, instaurada após a revolução vitoriosa do proletariado, é brutalmente reprimida pelo governo francês. Legalização das *trade unions* na Inglaterra.
1872	Acerta a primeira edição francesa de *O capital* e recebe exemplares da primeira edição russa, lançada em 27 de março. Participa dos preparativos do V	Redige com Marx uma circular confidencial sobre supostos conflitos internos da Internacional, envolvendo bakunistas na Suíça, intitulado *As*	Morrem Ludwig Feuerbach e Bruno Bauer. Bakunin é expulso

Sobre a questão da moradia

Karl Marx

Congresso da Internacional em Haia, quando se decide a transferência do Conselho Geral da organização para Nova York. Jenny, a filha mais velha, casa-se com o socialista Charles Longuet.

1873 Impressa a segunda edição de *O capital* em Hamburgo. Marx envia exemplares a Darwin e Spencer. Por ordens de seu médico, é proibido de realizar qualquer tipo de trabalho.

1874 É negada a Marx a cidadania inglesa, "por não ter sido fiel ao rei". Com a filha Eleanor, viaja a Karlsbad para tratar da saúde numa estação de águas.

1875 Continua seus estudos sobre a Rússia. Redige observações ao Programa de Gotha, da social-democracia alemã.

1876 Continua o estudo sobre as formas primitivas de propriedade na Rússia. Volta com Eleanor a Karlsbad para tratamento.

1877 Marx participa de campanha na imprensa contra a política de Gladstone em relação à Rússia e trabalha no Livro II de *O capital*. Acometido novamente de insônias e transtornos nervosos, viaja com a esposa e a filha Eleanor para descansar em Neuenahr e na Floresta Negra.

1878 Paralelamente ao Livro II de *O capital*, Marx pesquisa a comuna rural russa, complementada com estudos de geologia. Dedica-se à *Questão do Oriente* e participa de campanha contra Bismarck e Lothar Bücher.

1879 Marx trabalha nos Livros II e III de *O capital*.

1880 Elabora um projeto de pesquisa a ser executado pelo Partido Operário francês. Torna-se amigo de Hyndman. Ataca o oportunismo do periódico *Sozial-Demokrat* alemão, dirigido por Liebknecht. Escreve as *Randglossen zu Adolph Wagners Lehrbuch der politischen Ökonomie* [Glosas marginais ao tratado de economia política de Adolph Wagner]. Bebel, Bernstein e Singer visitam Marx em Londres.

1881 Prossegue os contatos com os grupos revolucionários russos e mantém correspondência com Zasulitch, Danielson e Nieuwenhuis. Recebe a visita de Kautsky. Jenny, sua esposa, adoece, morrendo em 2 de dezembro.

1882 Continua as leituras sobre os problemas agrários da Rússia. Acometido de pleurisia, visita a filha Jenny em Argenteuil. Por prescrição médica, viaja pelo Mediterrâneo e pela Suíça. Lê sobre física e matemática.

Friedrich Engels

pretensas cisões na Internacional [*Die angeblichen Spaltungen in der Internationale*]. Ambos intervêm contra o lassalianismo na social-democracia alemã e escrevem um prefácio para a nova edição alemã do *Manifesto Comunista*.

Com Marx, escreve para periódicos italianos uma série de artigos sobre as teorias anarquistas e o movimento das classes trabalhadoras.

Prepara a terceira edição de *A guerra dos camponeses alemães*.

Por iniciativa de Engels, é publicada *Crítica do Programa de Gotha* [*Kritik des Gothaer Programms*], de Marx.

Elabora escritos contra Dühring, discorrendo sobre a teoria marxista, publicados inicialmente no *Vorwärts!* e transformados em livro posteriormente.

Conta com a colaboração de Marx na redação final do *Anti-Dühring* [*Herrn Eugen Dühring's Umwälzung der Wissenschaft*]. O amigo colabora com o capítulo 10 da parte 2 ("Da história crítica"), discorrendo sobre a economia política.

Publica o *Anti-Dühring* e, atendendo ao pedido de Wolhelm Bracke feito um ano antes, publica pequena biografia de Marx, intitulada *Karl Marx*. Morre Lizzie.

Engels lança uma edição especial de três capítulos do *Anti-Dühring*, sob o título *Socialismo utópico e científico* [*Die Entwicklung des Socialismus Von der Utopie zur Wissenschaft*]. Marx escreve o prefácio do livro. Engels estabelece relações com Kautsky e conhece Bernstein.

Enquanto prossegue em suas atividades políticas, estuda a história da Alemanha e prepara *Labor Standard*, um diário dos sindicatos ingleses. Escreve um obituário pela morte de Jenny Marx.

Redige com Marx um novo prefácio para a edição russa do *Manifesto Comunista*.

Fatos históricos

da I Internacional no Congresso de Haia.

Morre Napoleão III. As tropas alemãs se retiram da França.

Na França, são nomeados inspetores de fábricas e é proibido o trabalho em minas para mulheres e menores.

Morre Moses Hess.

É fundado o Partido Socialista do Povo na Rússia. Crise na I Internacional. Morre Bakunin.

A Rússia declara guerra à Turquia.

Otto von Bismarck proíbe o funcionamento do Partido Socialista na Prússia. Primeira grande onda de greves operárias na Rússia.

Morre Arnold Ruge.

Fundação da Federation of Labor Unions nos Estados Unidos. Assassinato do czar Alexandre II.

Os ingleses bombardeiam Alexandria e ocupam o Egito e o Sudão.

Friedrich Engels

Karl Marx	Friedrich Engels	Fatos históricos
1883 A filha Jenny morre em Paris (janeiro). Deprimido e muito enfermo, com problemas respiratórios, Marx morre em Londres, em 14 de março. É sepultado no Cemitério de Highgate.	Começa a esboçar *A dialética da natureza* [*Dialektik der Natur*], publicada postumamente em 1927. Escreve outro obituário, dessa vez para a filha de Marx, Jenny. No sepultamento de Marx, profere o que ficaria conhecido como *Discurso diante da sepultura de Marx* [*Das Begräbnis von Karl Marx*]. Após a morte do amigo, publica uma edição inglesa do Livro I de *O capital*; imediatamente depois, prefacia a terceira edição alemã da obra e já começa a preparar o Livro II.	Implantação dos seguros sociais na Alemanha. Fundação de um partido marxista na Rússia e da Sociedade Fabiana, que mais tarde daria origem ao Partido Trabalhista na Inglaterra. Crise econômica na França; forte queda na Bolsa.
1884	Publica *A origem da família, da propriedade privada e do Estado* [*Der Ursprung der Familie, des Privateigentum und des Staates*].	Fundação da Sociedade Fabiana de Londres.
1885	Editado por Engels, é publicado o Livro II de *O capital*.	
1887	Karl Kautsky conclui o artigo "O socialismo jurídico", resposta de Engels a um livro do jurista Anton Menger, e o publica sem assinatura na *Neue Zeit*.	
1889		É fundada em Paris a II Internacional.
1894	Também editado por Engels, é publicado o Livro III de *O capital*. O mundo acadêmico ignorou a obra por muito tempo, embora os principais grupos políticos logo tenham começado a estudá-la. Engels publica os textos *Contribuição à história do cristianismo primitivo* [*Zur Geschischte des Urchristentums*] e *A questão camponesa na França e na Alemanha* [*Die Bauernfrage in Frankreich und Deutschland*].	O oficial francês de origem judaica Alfred Dreyfus, acusado de traição, é preso. Protestos antissemitas multiplicam-se nas principais cidades francesas.
1895	Redige uma nova introdução para *As lutas de classes na França*. Após longo tratamento médico, Engels morre em Londres (5 de agosto). Suas cinzas são lançadas ao mar em Eastbourne. Dedicou-se até o fim da vida a completar e traduzir a obra de Marx, ofuscando a si próprio e a sua obra em favor do que ele considerava a causa mais importante.	Os sindicatos franceses fundam a Confederação Geral do Trabalho. Os irmãos Lumière fazem a primeira projeção pública do cinematógrafo.

COLEÇÃO MARX-ENGELS

O 18 de brumário de Luís Bonaparte
Karl Marx

Anti-Dühring: a revolução da ciência segundo o senhor Eugen Dühring
Friedrich Engels

O capital: crítica da economia política,
Livro I
Karl Marx

O capital: crítica da economia política,
Livro II
Karl Marx

O capital: crítica da economia política,
Livro III
Karl Marx

Crítica da filosofia do direito de Hegel
Karl Marx

Crítica do Programa de Gotha
Karl Marx

Os despossuídos: debates sobre a lei referente ao furto de madeira
Karl Marx

Dialética da Natureza
Friedrich Engels

Diferença entre a filosofia da natureza de Demócrito e a de Epicuro
Karl Marx

Escritos ficcionais: Escorpião Félix/ Oulanem
Karl Marx

Grundrisse: manuscritos econômicos de 1857-1858 – Esboços da crítica da economia política
Karl Marx

A guerra civil na França
Karl Marx

A ideologia alemã
Karl Marx e Friedrich Engels

Lutas de classes na Alemanha
Karl Marx e Friedrich Engels

As lutas de classes na França de 1848 a 1850
Karl Marx

Lutas de classes na Rússia
Textos de **Karl Marx e Friedrich Engels**

Manifesto Comunista
Karl Marx e Friedrich Engels

Manuscritos econômico-filosóficos
Karl Marx

Miséria da filosofia
Karl Marx e Friedrich Engels

A origem da família, da propriedade privada e do Estado
Friedrich Engels

A sagrada família
Karl Marx e Friedrich Engels

A situação da classe trabalhadora na Inglaterra
Friedrich Engels

Sobre a questão da moradia
Friedrich Engels

Sobre a questão judaica
Karl Marx

Sobre o suicídio
Karl Marx

O socialismo jurídico
Friedrich Engels e Karl Kautsky

Últimos escritos econômicos
Karl Marx

Foto de Mariana Fix para o seu livro *São Paulo cidade global: fundamentos financeiros de uma miragem* (São Paulo, Boitempo, 2007).

Publicado em abril de 2015, vinte anos após ter início a remoção da favela Jardim Edite, em São Paulo, cujos moradores foram expulsos pelo poder do capital e da especulação imobiliária, este livro foi composto em Palatino LT 11/14 e Optima 11/14 e reimpresso em papel Avena 80g/m², pela gráfica Lis, para a Boitempo, em setembro de 2021, com tiragem de 1.500 exemplares.